Todos los libros de Linkgua Ediciones cuentan con modelos de Inteligencia Artificial entrenados por hispanistas. Pregúntale al chat de tu libro lo que desees acerca de la obra o su autor/a.

Para ebooks: Accede a nuestro modelo de IA a través de este enlace.

Para libros impresos: Escanea el código QR de la portada con tu dispositivo móvil.

Obtén análisis detallados de nuestros libros, resúmenes, respuestas a tus preguntas y accede a nuestras ediciones críticas generativas para una experiencia de lectura más enriquecedora.
La transparencia y el respeto hacia la autoría de las fuentes utilizadas son distintivos básicos de nuestro proyecto. Por ello, las respuestas ofrecen, mediante un sistema de citas, las fuentes con las que han sido elaboradas.

Eugène Scribe

No más mostrador

Traducción y adaptación

de Mariano José de Larra

Barcelona 2024
Linkgua-ediciones.com

Créditos

Título original: No más mostrador.

e-mail: info@linkgua.com

Diseño de cubierta: Michel Mallard.

ISBN tapa dura: 978-84-1126-128-9.
ISBN ebook: 978-84-9897-998-5.

Sumario

Créditos — **4**

Brevísima presentación — **7**
La vida — 7

Personajes — **8**

Acto I — **9**
Escena I — 9
Escena II — 13
Escena III — 17
Escena IV — 17
Escena V — 23
Escena VI — 23

Acto II — **27**
Escena I — 27
Escena II — 27
Escena III — 29
Escena IV — 30
Escena V — 31
Escena VI — 33
Escena VII — 33
Escena VIII — 38
Escena IX — 41
Escena X — 46
Escena XI — 46
Escena XII — 47
Escena XIII — 48
Escena XIV — 49

Acto III 53
Escena I 53
Escena II 54
Escena III 59
Escena IV 62
Escena V 63
Escena VI 63
Escena VII 64
Escena VIII 67
Escena IX 69
Escena X 70
Escena XI 71

Acto IV 77
Escena I 77
Escena II 77
Escena III 78
Escena IV 85
Escena V 89
Escena VI 91
Escena VII 93
Escena VIII 93

Acto V 95
Escena I 95
Escena II 95
Escena III 96
Escena IV 97
Escena V 98
Escena VI 99
Escena VII 101

Libros a la carta 107

Brevísima presentación

La vida

Mariano José de Larra (Madrid, 1809-Madrid, 1837), España.

Hijo de un médico del ejército francés, en 1813 tuvo que huir con su familia a ese país tras la retirada de las fuerzas bonapartistas expulsadas de la península. Como dato sorprendente cabe decir que a su regreso a España apenas hablaba castellano. Estudió en el colegio de los escolapios de Madrid, después con los jesuitas y más tarde derecho en Valladolid. Siendo muy joven se enamoró de una amante de su padre y este incidente marcó su vida. En 1829 se casó con Josefa Wetoret, la unión resultó también un fracaso.

Las relaciones adúlteras que mantuvo con Dolores Armijo se reflejan en el drama *Macías* (1834) y en la novela histórica *El doncel de don Enrique el Doliente* (1834), inspiradas en la leyenda de un trovador medieval ejecutado por el marido de su amante. Trabajó, además, en los periódicos *El Español*, *El Redactor General* y *El Mundo* y se interesó por la política.

Aunque fue diputado, no ocupó su escaño debido a la disolución de las Cortes. Larra se suicidó el 13 de febrero de 1837, tras un encuentro con Dolores Armijo.

Personajes

Don Deogracias, comerciante
Doña Bibiana, su mujer
Julia, su hija
Bernardo, su amante
El Conde del Verde Saúco
Simón, su ayuda de cámara
Señor Borderó, sastre
Francisco, criado
Pascasio, jardinero
Un Jockey del Conde

Acto I

No más mostrador
Comedia original en cinco actos
Mariano José de Larra

> Hic vivimus ambitiosa
> Paupertate. JUV. SÁT. V.
> Pobres y vanos: este
> es nuestro carácter.

La escena es en Madrid en casa de Don Deogracias
El teatro representa la trastienda de un grande almacén; en el fondo habrá una puerta que conduce al almacén; a la izquierda una puerta que da salida a la calle, y otra que figura dar a un jardín; a la derecha dos puertas, una que conduce a las habitaciones interiores, y la otra al cuarto de Don Deogracias. Muebles de moda.

Escena I

Don Deogracias y Doña Bibiana.

Don Deogracias — Pero, mujer, ¿es posible que hayas perdido el juicio hasta el punto de querer hacer la señora? Tú, hija de una honrada corchetera, que en toda su vida no supo salir de los portales de Santa Cruz con su puesto de botones de hueso y abanicos de novia... Tu abuelo un pobre cordonero de la calle de las Urosas, que, gracias a tu boda conmigo, concluyó sus días en una cama de tres colchones con colcha de cotonía...

Doña Bibiana — ¿Y qué tenemos con esa relación tan larga de mi padre, y de mi abuelo, y de mí?... Vaya, que es gracioso. Sí señor, quiero dejar el comercio; sabe Dios lo que la suerte me reserva todavía: verdad es que mi madre vendía botones; pero por eso mismo no los quiero vender yo... sobre todo, si yo conozco mi genio... y, vamos a ver, dime: ¿qué era la marquesa del Encantillo, que anda desempedrando esas calles de Dios en un magnífico landó? A ver si su abuelo no era un pobre valenciano, que vino vendiendo estera, y se ponía por más señas en un portal de la calle de las Recogidas, hecho un pordiosero, que era lo que había que ver. En fin, fuera cuestiones, Deogracias; te lo he dicho, no quiero más comercio. Llevo ya veinticuatro años de medir sedas, y de estirar la cotanza para escatimar un dedo de tela a los parroquianos, y de poner la cortina a la puerta para que no se vean las macas de las piezas... qué sé yo... maldito mostrador; basta, basta, no más mostrador.

Don Deogracias — Pero, mujer, ven acá. ¿No es el comercio, que tanto maldices, el mismo que nos ha puesto en estado de hacer los señores, y de gastar, y de?...

Doña Bibiana — Tanto más motivo para dejarlo, y para descansar y disfrutar lo que hemos ganado. Cada vez que me acuerdo del baile de la otra noche, adonde fui con nuestra hija Julia, y de cómo tiene puesta la casa doña Amelia... vaya... Deogracias, desengáñate, mientras yo no tenga mi magnífica casa, y esté en un soberbio taburete recibiendo la gente del gran tono, y dando disposiciones para las arañas, y los quinqués, y la mesa de juego, y las alfombras, y el ambigú, y no entren mis lacayos abriendo la mampara, y anunciando: «el conde tal... el vizconde cual...» y mientras no tenga palco en la ópera, y un jockey que me acompañe al Prado por las mañanas en invierno, con mi chal en el brazo, y mi sombrilla en la mano... desengáñate, me verás aburrida morirme de tedio...

Don Deogracias — Valiente papel haré yo en tu magnífico salón, allí revuelto con aquellos condes y marqueses... yo que nunca he salido, como quien dice, de los portales de Guadalajara. Vamos, créeme, Bibiana.

Doña Bibiana — ¡Bibiana! ¡Dios mío! ¡Qué marido tan ordinario! ¿No te he dicho ya cien mil veces que no quiero que me vuelvas a llamar Bibiana? ¿Dónde has visto tú una mujer del gran tono que se llame Bibiana? Concha me llamo, y me quiero llamar; y mi señora doña Concha seré hasta que me muera, y me lo llamarán, sí señor, que para eso tengo dinero, y «¿cómo está usted, Conchita?». ¡Conchita, qué mona es usted!

Don Deogracias — Mira, mujer. Bibiana Cartucho eras cuando me enamoré de ti, por mi mala estrella: con Bibiana Cartucho me casé, que ojalá fuera mentira, para purgar sin duda mis pecados en este mundo; y para mí Bibiana Cartucho has sido, eres y serás hasta que me muera; y si te mueres tú antes, en tu lápida he de poner: «aquí yace Bibiana Cartucho», y nada más.

Doña Bibiana — Ay, Dios mío, ¡qué vergüenza! ¡Hasta después de mi muerte! Pues bien, rencoroso, enhorabuena, quédate en tus portales de Guadalajara, hecho un criado de todo el que te venga a pedir una cuarta de bayeta... haz lo que quieras, ya que eres un pobre hombre, y no quieres brillar y darte tono así como así, no son los maridos en lo que más reparan las gentes; pero tienes hijos, y no me parece que será cosa de sacrificarlos a tu capricho: creo que no harás ánimo de que sean también horteras.

Don Deogracias — Sí por cierto. Teodoro, que va a cumplir catorce años, saldrá de la Escuela Pía en cuanto tenga más formada su letra, y sepa decir alguna cosa en latín, no para ver de ponerle los cordones, como tú crees, sino para reemplazarme en el almacén. No ceñirá espada; pero sin eso podrá ser un buen español: no tendrá, a imitación mía, más insignia que la vara de medir; pero ¿quién duda que podrá servir con ella a Dios y al Rey tan bien como cualquier otro? Además de que no le faltan al Rey jóvenes nobles y bien dispuestos, que han nacido para defenderle, y que saben sostener el brillo de su casaca, el honor de sus antepasados y los derechos de su Soberano.

Doña Bibiana — ¿Es posible? Bien; pero en cuanto a mi hija Julia... ya está en edad de poderse casar... una joven de su mérito, que la he criado yo misma, que canta, que baila, que toca... Es verdad que no sabe fregar, ni barrer, ni coser ninguna cosa; pero para ser elegante tampoco lo necesita.

Don Deogracias — Sí, Julia se casará; ya hace tiempo que tengo tratada su boda; y si no lo sabes ya, tú tienes la culpa. Tus eternos deseos de casarla con un personaje me han obligado a ocultártelo; pienso casarla con Bernardo, el hijo de mi amigo Benedicto, comerciante de tapices de Barcelona.

Doña Bibiana — ¡Yo! ¿Suegra de un tapicero?

Don Deogracias — De un tapicero; ¿y por qué no? Cuánto mejor es un tapicero, que puede contar con cien mil reales de renta al año y probidad, que un elegante jugador, un marqués plagado de trampas, un militar sin juicio, un abogado sin clientela, un médico sin enfermos...

Doña Bibiana — Bien... pero, ¿y si tu hija experimentase una aversión particular hacia esa boda?

Don Deogracias — Aversión, no es posible; ni aún le conoce; yo mismo, si le veo en la calle, no puedo decir «éste es;» ya se ve, como que no le he visto nunca. Su padre me escribió el proyecto de casar a nuestros hijos; y yo, que no creo poder encontrar partido alguno más ventajoso, he aceptado. Por lo que hace a Julia, yo creo que ni piensa en eso: tú la vuelves loca.

Doña Bibiana — Corriente; pues me remito a ella; ella puede decidir entre los dos.

Don Deogracias — Enhorabuena; yo sé que la chica es otra cosa.

Doña Bibiana — ¡Julia! ¡Julia!

Don Deogracias — Ella nos dirá su gusto; pero en la inteligencia que si quiere, la boda se hará al momento.

Doña Bibiana — ¡Tal precipitación! ¡Julia!

Don Deogracias — Sí señor; esta es una buena ocasión de colocarla; y sabe Dios, si la dejamos escapar, cómo nos veremos luego para encontrar otra igual.

Escena II

Doña Bibiana, Don Deogracias, Julia.

Julia — Mamá, ¿me llamaba usted?

Don Deogracias — Ven aquí, hija mía. Vas a responder con toda libertad, sin ceñirte a nuestro gusto... a declararnos francamente el tuyo.

Doña Bibiana — Se trata de un asunto muy serio para ti; tu padre quiere casarte.

Julia (Aparte.) — ¡Casarme! ¡Dios mío! ahora...

Doña Bibiana — Levanta la cabeza; mírame; sin cortedad, ¿quieres casarte? (Le hace señas con la cabeza que diga que no.) la verdad.

Julia — Mamá... casarme... ahora soy tan joven...

Don Deogracias — Eres joven; pero, hija...

Doña Bibiana — Eso no es lo pactado; ya ves que yo no la obligo a responder; así déjala tú también en plena libertad. Vaya, hija mía, di, ¿y si tratasen de casarte con un rico tapicero de Barcelona, de más de cien mil reales de renta?...

Julia (Aparte.) — ¡Ah! No tiene trazas mi querido de tapicero.

Doña Bibiana — Vaya, responde.

(Vuelve a hacerla señas.)

Julia — Mamá, si usted se empeñase... quién sabe... me resignaría obediente...

Don Deogracias — No señor, la verdad; nada de resignación, ni de obediencia, ni de calabaza... sí, o no.

Julia — Papá... en verdad, no me siento inclinada...

Don Deogracias — ¿No?

Doña Bibiana — Cómo, hija, ¿no te gustaría estar todo el día en un hermoso almacén de tapices midiendo, y cobrando, y?...

Julia — No, mamá.

Doña Bibiana — Ya lo oyes tú mismo; ahora ella sola habla.

Don Deogracias — Estoy confundido.

Doña Bibiana — Y en caso de casarte ¿querrías mejor un elegante que no tuviera nada que hacer en todo el día, que fuese noble y no ganase la comida, que llevase todos los días a su mujer a Vista-Alegre y a la ópera, que te pasease por el Prado en tílburi o en landó, que te regalase sortijas, chales, gorros, plumas, pieles y cadenas... en fin, que no mirase nunca la cuenta de la modista, que te dejase el maestro de piano, y dar conciertos, como, por ejemplo, el conde del Verde Saúco, que se fue a París, y de que tanto nos han hablado, di, querrías?...

(La hace seña.)

Julia — Sí, mamá.

Don Deogracias — Sí, mamá (Remedándola.); pues usted, señorita, tomará el marido...

Doña Bibiana — Vuelves a infringir nuestros tratados... a pesar de lo convenido te alteras...

Don Deogracias — No, mujer, no me altero... pero a lo menos que oiga el que yo la propongo, que le conozca y le trate, y después... mira, Bernardo a la hora esta debe haber llegado ya de Barcelona; habrá consagrado los primeros instantes a sus parientes; pero de un momento a otro le tendremos aquí, y es preciso recibirle como a quien viene a ser mi yerno: le conoceréis, y después...

Doña Bibiana — Bastante conocido le tenemos ya por tanto como nos has dicho de él; y es bien doloroso haber de dar mi hija a un hombre de su laya; para eso la tomé yo el maestro de baile, y de dibujo, y de francés, y de italiano; para eso la he estado yo pagando cuatro años seguidos el maestro de piano; hija mía de mis entrañas, ¿de qué te sirve haber trabajado tanto, tantos afanes, cuando nunca podías dar con la escala, para aprender el dúo del Crociato, y el de la Semíramis, y el aria de la Donna, y todito el papel de la Césari en el Osmir?... Todo, todo va a perecer en la humillación del mostrador.

Don Deogracias — La humillación del mostrador. ¡Bibiana! ¡Bibiana!

Doña Bibiana — Vuelta con Bibiana. ¡Dios mío! ¡Qué vergüenza! Si lo oyen...

Don Deogracias — Pero, en el almacén hay gente; vamos, a despachar, que aquel muchacho es tan torpe... y tal vez será el sastre Borderó, que tiene que venir por una pieza de muaré, y el terciopelo gris perle.

Doña Bibiana — Sí iré... pero atiende a lo que te digo; tú podrás casar a tu hija con Bernardo, podrás sacrificarla; pero en cuanto a mí te equivocas. Hoy es el último día que despacho en el almacén: mañana se cerrará, o tomarás el partido que gustes: no quiero, no quiero más mostrador. Vamos, hija.

Escena III

Don Deogracias — ¡Id benditas de Dios! ¿Hay cosa más ardua para un marido que hacer entender la razón a su mujer? ¿Y que me casara yo? Y ¿qué remedio, si el tal desatino no hace más que la bagatela de veinticuatro años que le hice? Todos los días es lo mismo... y no hay más, que se desbaratará mi proyecto de boda como cuantos he hecho desde aquella fecha; pero ¡hola! ¿Quién viene?

Escena IV

Don Deogracias, Bernardo, que entra por la puerta de la izquierda vestido sencillamente.

Bernardo — ¿Tengo el gusto de hablar a don Deogracias de la Plantilla?

Don Deogracias — Servidor de usted; ¿qué tiene usted que mandarme?

Bernardo — Ya creo que estará usted informado de mi llegada; vengo de Barcelona, y debe usted de haber recibido carta de mi padre anunciándole...

Don Deogracias — ¡Calle! No diga usted más; ¿pues no he de haber recibido? Ya hace dos correos. ¡Bernardo! Déme usted los brazos, amigo, aunque no tengo el gusto de conocerle; sin embargo, la memoria de su padre me es muy grata; y al fin el objeto de su viaje me autoriza a darle esta demostración de mi cariño.

Bernardo — Señor don Deogracias...

Don Deogracias — Pero, hombre, ¡calle! ¡Qué guapo es usted! Y qué buena cara, y qué... vamos, vamos, que mi hija... sí, efectivamente... vuélvase usted... muy bien; pues señor, muy bien, y qué alto... ¿Y qué tal, qué tal camino ha traído usted?

Bernardo — Muy bueno: he venido con dos religiosos de excelente humor, un andaluz que mentía por los codos, y un buen señor que viene a tomar las aguas del Molar: ello siempre se estaba quejando, pero...

Don Deogracias — Vaya, me alegro; y contratiempo ninguno, ni ladrones...

Bernardo — Ladrones... buenos miedos hemos pasado, y ahí en la venta... ya se ve, también da miedo ver algunas caras... en una palabra, ladrones ha habido; pero a Dios gracias no nos han robado nada.

Don Deogracias — Vaya, me alegro; y ¿cuándo ha llegado usted? ¿Querrá usted almorzar?

Bernardo — No señor, nada; para mí ya es tarde: no he llegado hoy...

Don Deogracias — Ya... ¿y su padre de usted? Dígame usted, dígame usted, ¿cómo queda?

Bernardo — Tal cualillo está ahora; y si no fuera por unos dolores reumáticos que le pasean todo el cuerpo, y la gota maldita, y aquel ojo tan rebelde...

Don Deogracias — Yo lo creo; pero si se fía de aquellos cirujanos; yo se lo decía: «mira, Benedicto, que esos hombres te van a matar, no los creas;» pero él nada; erre que erre, y que se ha de curar, y que se ha de poner bueno... ya se ve... no deja de tener razón... pero es lo que yo digo, en llegando un hombre a los sesenta años, qué cirujanos, ni qué botica, ni qué...

Bernardo — Tiene usted razón.

Don Deogracias — Oh si la tengo; tiene sesenta años; y no ve usted que ese es un mal que se va empeorando todos los días, y le irá comiendo, comiendo... hasta que dé con él en tierra: siéntese usted (Cierra la puerta que da al almacén); deje usted ese sombrero, que si ha de ser usted mi yerno es preciso que dejemos cumplimientos.

Bernardo — Como usted guste; tampoco yo soy amigo de monadas, aunque por desgracia tengo a veces también que hacerlas, porque hay que vivir con todo el mundo. Por esta misma razón no he venido antes aquí, porque quería venir a mi satisfacción, y he tratado de desocuparme antes de visitas. Ya conoce usted a mi tío el canónigo, que está aquí, y no hay fuerzas humanas que le hagan ir a su catedral...

Don Deogracias — Ya sé, ya.

Bernardo — Pues, como vine a parar a su casa, y me quiere tanto, fue preciso presentarme en varias casas donde había hablado muy bien de mí; pero casas de etiqueta, donde juega él sus ecartés con los señores mayores y los maridos, mientras que los jóvenes bailamos, o nos estamos de pie con el sombrero en la mano; para esto se empeñó en que se me hiciese en cuanto llegué un equipaje completo de elegante, dos fraques, una levita, un surtout... qué sé yo... me llevó a todas partes.

Don Deogracias — ¡Hola! De modo que le ha relacionado a usted.

Bernardo — Sí señor: el primer día estaba atado, no podía moverme; pero como me veían tan bien vestido, no se puede usted figurar las amistades que he hecho; y como tampoco me ha faltado dinero para el café y otras frioleras... pero qué, si cuando me compongo, yo no he visto cosa más ridícula; la primera vez que me vi al espejo no me conocí; unas caderas, un talle... en fin, un conjunto tan incómodo, que ya tenía ganas de venir aquí para quitármelo.

Don Deogracias — Pues ha hecho usted muy mal: ¿usted sabe lo que ha hecho?

Bernardo — ¡Cómo! ¿Pues no acaba usted de decir?...

Don Deogracias — Sí señor, y me explicaré. Soy el más desgraciado de todos los maridos. Ha de saber usted que mi mujer está loca, pero de una locura bastante admitida en la sociedad; se le ha puesto en la cabeza brillar, hacer la marquesa; ahora mismo acabo de tener una contienda con ella acerca de esta boda: ella me echa a perder a mi hija; pero qué más, si a mí mismo, aquí donde usted me ve, con mis años y mi juicio, me hace jugar, y bailar, e ir con ella aquí y allí... y, desengáñese usted, siempre que usted se presente como está ahora, esté usted seguro de llevar calabazas.

Bernardo — ¿Qué dice usted? Pero es el caso que si tiene esa manía, no querrá casar a su hija con un comerciante; y ya ve usted que aunque yo me vista de capitán general, nunca seré más que Bernardo.

Don Deogracias — Sí señor, es verdad; pero no importa, quién sabe si la primera impresión... en fin, es preciso que se vaya usted a vestir, que venga usted haciendo muchos gestos, muchos ascos, muchas contorsiones; que hable usted algo de francés, algo de italiano, español poco y mal, y siempre sin fundamento; que baile, que saque un reloj de salto de Breguet, que hable mucho de la ópera, y de París, y si puede ser de Londres; que tenga deudas, que... ya me entiende usted.

Bernardo — Demasiado, y felizmente no me será dificultoso, como dure poco esta farsa.

Don Deogracias — ¿Tiene usted lente y anteojos?

Bernardo — No señor.

Don Deogracias — Pues cómprelo usted; vamos, pronto.

Bernardo — Pero señor ¿para qué? Si no los necesito, yo veo claro.

Don Deogracias — No importa. ¿Y látigo y espolines?

Bernardo — No señor, pero tampoco tengo caballo.

Don Deogracias — No importa; por lo que pueda suceder.

Bernardo — Pero señor...

Don Deogracias — Cómprelo usted.

Bernardo — Pero señor, a mí me parece... ¿cuánto más fácil sería que usted, como amo de su casa, manifestase desde luego su voluntad, su decisión?...

Don Deogracias — Se conoce que no está usted casado; en primer lugar yo no me atrevo con mi mujer; y luego ¿qué adelantaría usted con que mi mujer me arañase? Por la fuerza, la chica, que piensa casi como ella, le cobraría a usted odio, y sería peor. Cuánto mejor es hacerse querer, y luego veremos; sabe Dios si podremos hacer carrera de ellas, y corregirlas; déjeme usted a mí, déjese usted llevar... pero voy a ver... oigo gente, no vengan, y...

(Registra y cierra las puertas.)

Bernardo (Aparte.) — Y mi amable desconocida... Yo he retardado todo lo que he podido venir aquí; pero ella tampoco me conoce a mí; resolución, y dejémoslo. Esta boda es la que me dicta mi interés, la que agrada a mi padre...

Don Deogracias ¿Qué hace usted pensativo?

Bernardo Nada.

Don Deogracias Pues aprovechemos tiempo; nadie le ha visto a usted; vuele usted a componerse, y vuelva dentro de una hora; déjese usted llevar.

Bernardo Corriente, vengo en ello gustoso; hasta después.

Escena V

Don Deogracias (Volviendo a abrir las puertas.)
Ello es arriesgado... y yo, que nunca las he visto más gordas, a la cabeza de una intriga, y una intriga para casar a mi hija; sabe Dios cómo saldré de ella; tanto más cuanto que no suelen ser los padres los que se encargan de este ramo de la casa; luego esto me ahorra una riña con mi mujer; no es un ahorro despreciable; pero ella viene; lo mejor es dejarla el campo.

Escena VI

Doña Bibiana y Julia.

Doña Bibiana Gracias a Dios que nos dejan un momento en paz. ¡Julia!

Julia Mamá...

Doña Bibiana Dime, y aquel elegante que te estuvo hablando al oído toda la noche en la calle de Valverde parecía que se inclinaba... ¿no has vuelto a saber? Debía ser un caballero, y tú tal vez tan torpe que no harías lo posible por manifestarle...

Julia (Aparte.) ¡Ah! ¡No sabe bien lo que haría por él!

Doña Bibiana Responde; ¿no supiste quién era? ¿No te ha vuelto a seguir?

Julia No he podido saber quién es; pregunté a varias amigas, pero dijeron que le habían presentado aquella noche, que solo sabían que acababa de llegar de fuera, y yo lo creo.

Doña Bibiana Él iría por casualidad, no era casa de bastante tono para él; lo que siento es que nos haya visto allí, y no en casa de la marquesa.

Julia El domingo cuando fuimos a Misa estaba junto al Buen-Suceso, yo le vi de reojo; en cuanto nos atisbó, si viera usted qué apretarse por entre la gente para estar a nuestro lado; al subir los escalones me tomó la mano...

Doña Bibiana ¿Y te la apretó?

Julia Sí señora; pero yo hice como que me recataba de usted, y que no me gustaba, y la quité... A pesar de eso toda la Misa estuvo mirando; yo, haciendo como que no le veía, y todo era darle a usted con el pie, y usted pensando que la pisaba, hasta que tuve que dejarlo. Después nos siguió, y sin duda al volver la calle hubo de perdernos de vista, porque yo no le volví a ver; y no debe saber nuestra casa.

Doña Bibiana	Ya se ve, tú tampoco procurarías decírsela.
Julia	¡Yo! ¿Cómo quiere usted que le dijese?...
Doña Bibiana	Sí señora, hay modos de decir las cosas; por ejemplo, se dice: «estoy tan cansada; hemos estado en el Prado, y como está tan lejos de casa; ya se ve, lo último de la calle Mayor, y precisamente el número tantos, que cae tan allá...» ¿Entiendes?
Julia	Sí señora.
Doña Bibiana	Pues ya lo sabes para otra vez; y ya puedes sacar el vestido de cotepalí, y ese canesú que te acabas de hacer: esta noche hemos de volver... quién sabe si estará allí. ¿Y en esta circunstancia te habías de casar con Bernardo? No será, o habrá en casa lo que tu padre no quiera oír.

Acto II

Escena I

Don Deogracias

(Escribiendo habla en los intermedios.)
El conde del Verde Saúco pedirme mi hija para casarse... vaya... es singular; no hace nada que estaba en París... pero yo tengo oído hablar mucho de él: ahí está, sin ir más lejos, Pascasio mi jardinero que fue criado suyo: es un calavera, está arruinado. ¡Qué boda tan mala sería! No, no, de ningún modo; estos enlaces desiguales solo acarrean la desgracia de los que los contraen; el marido le echa en cara a la mujer que es una plebeya... nunca, nunca; ¿y para qué querrá que nos veamos? No conviene, me excusaré con un pretexto; le diré que voy de caza hoy mismo. ¡Hola! ¡Muchacho!

Escena II

Don Deogracias, un Jockey.

Don Deogracias

Diga usted, ¿es cosa de llevar la respuesta?

Jockey

Como usted guste; pero, la verdad: entiendo que mi amo debe marchar esta mañana; ahora mismo voy yo a buscarle con el tílburi para dejarle en un coche francés; va por ocho o diez días a una casa de campo que tiene junto a Buitrago.

Don Deogracias

(Aparte.)
Qué plan me ocurre tan soberbio; un poco atrevido, eso sí, ¿dice usted que se va por ocho o diez días?

Jockey

Así lo ha dicho.

Don Deogracias (Aparte.)
¡Bravo! Mi mujer y mi hija solo de oídas le conocen; están entusiasmadas por él... dicho y hecho, en ocho días hay tiempo para volver el juicio a una muñeca de dieciséis años.

Jockey Este hombre es cachazudo.

Don Deogracias ¿Conque dará usted esta respuesta al señor conde ahora mismo?

(Le da la carta.)

Jockey Sin duda.

Don Deogracias ¿Y después le deja usted en su coche francés?

Jockey Cierto.

Don Deogracias ¿Y después... eh?

Jockey (Aparte.) Vaya un preguntar. Y después, después, como me quedo libre, no sé lo que haré.

Don Deogracias No lo pregunto con falta de misterio; es preciso explicarme. Usted parece un excelente sujeto, callado, fiel...

Jockey Señor... mi amo no tiene queja alguna de mí.

Don Deogracias Porque... tiene usted cara de serme útil hoy.

Jockey — En cuanto no se oponga con el buen servicio del señor conde...

Don Deogracias — Nada de eso... y por último yo soy agradecido: a duro por hora, todo el día; tome usted para empezar.

Jockey — A ese precio mande usted, y no quedará usted descontento del desempeño: ¿qué es lo que hay que hacer?

Don Deogracias — Volver aquí en derechura con el tílburi en cuanto haya usted dejado a su amo; si en casa le echan a usted de menos...

Jockey — Eso corre de mi cuenta: ¿qué más?

Don Deogracias — Pues señor, después... pero calle usted, es mi mujer, silencio.

Escena III

Doña Bibiana, Don Deogracias y el Jockey. Hablando aparte bajo.

Doña Bibiana — Jesús, Jesús qué infierno de almacén, y parece que hoy han convocado a todos los pesados de Madrid para venir a comprar a casa; y el otro jorobado chiquituelo con una mujer de que se pueden hacer tres como él (Remedando): «a ver el tafetán español... este no... más fuerte... el francés... tampoco, tiene mal negro... un poco más cuerpo... a ver el gros de Nápoles:» pues, revuelva usted todo el almacén, y luego los descamisados se van sin comprar nada. Es triste cosa estarse moliendo uno que tiene talegas en obsequio de un cualquiera, que después de no tener una peseta, todavía tiene la petulancia de darse tono con entrar y salir en estas casas: «y a ver, saque usted, y esto no me gusta, y aquel es feo;» y por último, «quede usted con Dios:» y vuelva usted a doblarlo todo, y... vaya, yo me quemo.

Jockey	(A Don Deogracias.) Muy bien, quedo enterado; descuide usted, se hará exactamente.

Escena IV

Don Deogracias, Doña Bibiana.

Doña Bibiana	Vamos, tú también estás pesado, ¿es cosa de que no almorcemos hoy?
Don Deogracias (Aparte.)	Mujer (ánimo y empecemos la grande obra) estaba contestando, como era regular, al criado del señor conde del Verde Saúco.
Doña Bibiana	¿El Conde del Verde Saúco? ¿ha vuelto ya de París? ¿y contigo qué asuntos puede...?
Don Deogracias	Sí señor, ha vuelto; mira tú si ha vuelto, que él mismo, en persona va a venir...
Doña Bibiana	¿A casa?
Don Deogracias	A casa; hoy me escribe que atraído por la fama de nuestra Julia, la conoce, y la quiere...
Doña Bibiana	¿Qué dices?

Don Deogracias — Mira tú si la querrá; me la pide en matrimonio. ¿Eh? ¿Qué te parece?

Doña Bibiana — ¿Es posible? ¡Dios mío! yo voy a perder el juicio; ¿mi hija condesa del Verde Saúco? ¿Y querías casarla con ese tapicero? Habla ahora, si te parece.

Don Deogracias — Pero, ¿quién había de figurarse...?

Doña Bibiana — Pues ahí verás; ¿quién? Yo... habla ahora por Bernardo.

Don Deogracias (Aparte.) — En verdad, mujer, (disimulemos) que en vista de estas cosas casi me inclino a pensar como tú; en fin, yo le he respondido que puede venir.

Doña Bibiana — Muy bien hecho, ¿y qué le habías de responder? Yo que tenía tantas ganas de conocerle... el primer elegante de Madrid, como quien dice. ¡Julia, Julia, Francisco, Pascasio, hola, criados!

Don Deogracias — Ya prendió la yesca.

Escena V

Don Deogracias, Doña Bibiana, Francisco.

Francisco — Señora, ya está listo el almuerzo desde las diez, y van a dar las doce...

Doña Bibiana — Déjanos de almuerzo; ¿quién ha de tener gana de almorzar?

Francisco — Señora... yo no sé... como usted dijo...

Doña Bibiana — No tenemos otra cosa que hacer más que almorzar, salvaje; mire usted si hay tiempo de almorzar en todo el día; arregla esas sillas, límpialas.

Francisco — Si están limpias.

Doña Bibiana — No importa, bruto, saca aquí los floreros. Mira, antes ven aquí; esperamos dentro de un instante una visita, un joven muy elegante; al momento que vaya a entrar vienes tú delante de él, abres la mampara, le anuncias... como se hace en todas partes.

Francisco — Sí señora, pero ¿cómo he de decir?

Doña Bibiana — ¿No lo has oído ya? «El señor conde del Verde Saúco.»

Don Deogracias — (Aparte.)
Bien hace en pensar en eso; yo no tenía ya tiempo de avisar a Bernardo; con eso se oirá anunciar, y sabrá quién es.

Doña Bibiana — Oyes, y para eso ponte la levita azul con el vivo encarnado.

Francisco — Está muy bien.

Doña Bibiana — ¡Julia! Esta chica... el caso es que yo ya no tendré tiempo de mudarme este vestido.

Don Deogracias — No importa, mujer: como tú dices, estás en un agradable négligé.

(Francisco se va después de haber limpiado las sillas y sacado los floreros.)

Escena VI

Doña Bibiana, Julia.

Doña Bibiana — Despáchate, hija mía; el conde del Verde Saúco, el que teníamos tanta gana de conocer, que gasta tanto dinero, que juega, que ha tenido tantos desafíos, va a venir dentro de muy poco a verte.

Julia — Mamá ¿a mí?

Doña Bibiana — Acaba de escribir a tu padre pidiendo tu mano; ya ves, hija mía, ¿no te alegras? Por último he hecho mudar de opinión a tu padre, y conviene conmigo en que esta boda es mejor que la otra. Vamos ¿qué dices?

Julia (Aparte.) — ¡Dios mío! Sí mamá, me alegro; ¿me voy a mudar?

Escena VII

Doña Bibiana, Don Deogracias, Julia, Francisco anunciando, y Bernardo elegantemente vestido.

Francisco — El señor conde del Verde Saúco.

Don Deogracias — (Se adelanta y le coge las manos, procurando unas veces no dejarle hablar, y otras instruirle por lo bajo.) ¡Señor conde del Verde Saúco!

Bernardo (Aparte.) — ¿Qué es esto? ¿Yo conde?

Don Deogracias — ¡Señor conde!
(Bajo.) — Déjese usted llevar, sí, conde, conde.

(Alto.)	Usted haciéndome tanto honor... ciertamente que me considero muy feliz recibiendo en mi casa al primer elegante de Madrid...
(Bajo.)	Diga usted algo.
Doña Bibiana	Señor conde...
Bernardo	Señora, yo no soy...
Don Deogracias	(Bajo.) Sí, elegante, muchas contorsiones. Sí señor: a ver, una silla al señor conde. Tengo el honor de presentaros al señor conde del Verde Saúco, de quien acabamos de recibir esa carta pidiéndonos nuestra hija en matrimonio.
(Bajo.)	Hombre, calle usted, y siga usted adelante.
Doña Bibiana	Señor conde...
Bernardo	Pero señora, si... yo no soy...
(Aparte.)	Esta ficción me vuela.
Don Deogracias	(Bajo.) Sí es.
Bernardo (Aparte.)	Bueno. Señora, yo no soy... el menos honrado en estas circunstancias.
Doña Bibiana	Agradezco mucho en verdad tantas atenciones como debemos al señor conde, y creo que mi hija... —Julia, vamos— participará de mis sentimientos...
Bernardo	Señora...

(Julia levanta la cabeza, y se ven los dos.)

Julia (Aparte.) ¡Dios mío! ¡Él es!

Bernardo (Aparte.) ¡Cielos! Mi desconocida: ¡qué fortuna!

Doña Bibiana Vamos, hija, ¿qué tienes?

Julia Nada, mamá.

Doña Bibiana Saluda al señor conde.

Bernardo Esta señorita me dispensará de haberme tomado la libertad de introducirme tan pronto, y sin contar primero con su beneplácito.

Julia ¡Ah! Ciertamente que está usted perdonado.

Doña Bibiana Pero el señor es, si no me engaño, el mismo que la otra noche en la calle de Valverde (Aparte a Julia) el que te ha seguido.

Julia (Aparte a Doña Bibiana.)
Sí mamá. Sí... yo conozco al señor conde.

Bernardo Efectivamente, señora, no es esta la primera vez que nos vemos; ni cómo hubiera yo podido de otra manera prendarme de esta señorita, y...

Doña Bibiana Sí, noches pasadas; en aquel bailecillo... estaría usted de incógnito allí... el viernes.

Bernardo Sí, el viernes; en la calle de Valverde, cuarto segundo, un baile de poco más o menos: yo no había ido nunca; pero acababa de llegar; no sabía en qué pasar la noche; un amigo se empeñó en llevarme, y ciertamente no estoy arrepentido, pero tuve ocasión de conocer a ustedes. Pero qué baile... tampoco había más que dos hermosas con quien se pudiese hablar; así fue que no me separé de ellas en toda la noche.

Julia — (Bajo a su madre, mientras que Bernardo y Don Deogracias hablan entre sí.)
¡Ah! mamá ¡qué guapo, qué fino es!

Doña Bibiana — ¡Ah! A estos que lo son desde la cuna, cómo se les conoce, a legua; no se pueden equivocar.

Don Deogracias — (A Bernardo.)
Por Dios que es casualidad; con que usted las vio, sin saber quiénes eran.

Bernardo — Esto es.

(Se dirige a hablar a Doña Bibiana.)

Don Deogracias — (Aparte.)
Vea usted.

Doña Bibiana — Pues aquí también fue casual el ir; pero mi Deogracias había debido favores en otro tiempo al marido de la hermana mayor, la loquilla aquella que estuvo toda la noche bailando con el guardia de corps, y chichisbeando, y...

Bernardo — Sí.

Doña Bibiana	Y por eso fuimos; pero qué noche pasé...
Don Deogracias	Espero, señor conde, que usted querrá acompañarnos a almorzar.
Bernardo	¿No han almorzado ustedes todavía? ¡Oh! Eso es del gran tono; enteramente como yo.
Doña Bibiana	Almorzamos tarde, muy tarde.
Don Deogracias	¡Oh! El señor conde almorzará por la tarde, como quien dice...
Bernardo	Sí señor, no me gusta levantarme por la mañana; almuerzo mi bistec o mi rosbif a la inglesa; como por la noche a la francesa...
Doña Bibiana	¿No comerá usted cocido nunca?
Bernardo	Señora, cocido... jamás; y ceno...
Don Deogracias	Por la mañana, ¿eh?
Bernardo	Sí señor.
Doña Bibiana	¡Cómo me gusta ese arreglo!
Don Deogracias	¿Conque almorzará usted con nosotros?
Bernardo	Con muchísimo placer.
Doña Bibiana	(A Don Deogracias.) ¿Qué haces? Mira que no tenemos quien sirva.

Don Deogracias	¿Y qué importa? El señor conde traerá sus criados.
Bernardo (Aparte.)	Mis criados... efectivamente, los tengo... Este hombre...
Don Deogracias	Francisco, el almuerzo; y el jockey del señor conde que entre.
Bernardo	¡Jockey!

Escena VIII

Doña Bibiana, Don Deogracias, Julia, Bernardo, Francisco que sirve el almuerzo, el Jockey.

Jockey	(A Bernardo.) Vengo a saber las órdenes de V. S.
Bernardo (Aparte.)	Pues señor, está visto, hay que dejarse llevar.
Don Deogracias	(Acercándosele, mientras que ellas se miran al espejo y componen el peinado.) Bernardo, por Dios, que es usted el conde del Verde Saúco hasta el último trance, o no se casa usted con mi hija.
Jockey	Señor, lo que V. S. mande.
Bernardo	Me parece que te puedes ir; o si no te puedes quedar.
Julia	(Asomándose al almacén.) ¡Ay, qué bonito tílburi!
Jockey	Es el de mi amo el señor conde.

Julia ¡Ay qué bonito, mamá, mire usted!

Bernardo (A Don Deogracias.)
¿También tílburi? ¿Cómo saldremos de esto?

Don Deogracias ¿A usted qué le importa? Vamos, señor conde, siéntese usted.

Bernardo Permítame usted... Señoras. Vamos (buscando para sí un nombre), Simón, Pedro... Mi jockey, Rodulfo, sírvenos.

Doña Bibiana El señor conde nos dará noticias de París.

Bernardo (Aparte.) Esto es otra.

Doña Bibiana ¿Cómo deja usted París?

Bernardo No hay novedad particular; ya ve usted, París...

Doña Bibiana ¡Oh! Yo lo creo: ¿qué ópera nueva se echaba cuando usted vino?

Bernardo Precisamente, cuando yo vine... ¡oh! Muy bonita.

Doña Bibiana ¿Cómo se titula?

Bernardo La... la... la, la, la, ¡qué fatalidad!... No acordarme yo ahora; y todo el día la estoy tarareando.
(Aparte.) ¡Por vida de... en fin, muy bonita!

Doña Bibiana Ya ve usted, París... aquello será un gentío inmenso...

Bernardo	Y aquí de ópera ¿cómo estamos?
Doña Bibiana	Digo que aquello será un gentío.
Bernardo (Aparte.)	¡Vuelta! Señora, es una confusión; no se puede dar un paso; en fin, es una liorna. ¿Y aquí de ópera?
Doña Bibiana	Diga usted, ¿y qué vestidos llevan las señoras a los bailes?
Bernardo (Aparte.)	¡Por vida mía! Señora, yo no reparo; pero... sin embargo, muy bonitos.
Doña Bibiana	Yo lo creo: ¿qué telas son las más?...
Bernardo (Aparte.)	Sí señora, de varias telas. Estoy frito.
Doña Bibiana	(A Julia.) Hija mía, distraído, como todos estos señores.
Bernardo	(A Don Deogracias.) ¿Y la ópera aquí?...
Don Deogracias	Buena, muy buena; pero desentonan los coros.
Doña Bibiana	Eso no sucederá en París; ¿no es verdad señor conde?
Bernardo	Qué, no señora; ya ve usted...
Doña Bibiana	Ya me hago cargo, allí... sino que aquí en España, como somos así... tan...

Julia — Al señor conde le gustará mucho hablar de París... como es tan bueno...

Bernardo — Sí señora, mucho. Conque aquí la ópera...

Don Deogracias — ¿Usted no faltará nunca?

Bernardo — No, porque me guardan mi billete; ello cuesta más; pero es preciso desengañarse; es imposible concluir con los revendedores. Y usted, señor don Deogracias, ¿no es apasionado de la ópera?

Doña Bibiana — (Aparte.)
Verá usted cómo dice alguna brutalidad.

(Le pellizca.)

Don Deogracias — Sí señor, mucho; pero de música... —mujer que me atenaceas— yo no entiendo una nota; y me gusta más ir al Pelayo de Quintana o al Viejo y la Niña de Moratín que a la ópera.

Doña Bibiana — ¿No lo dije? No haga usted caso, señor conde; mi marido no está en el tono; es un español, muy español, y nada más.
(A Don Deogracias.) ¡Bruto! Tú me has de avergonzar por todas partes.

Don Deogracias — Pero mujer... En fin, ¿te gusta el conde?

Doña Bibiana — ¡Qué fino! ¡cómo se conoce que viene de París! ¡qué maneras! a no ser quien es.

Escena IX

Dichos, el sastre Borderó.

Borderó — Felices, señor don Deogracias. Hola, ¿están ustedes comiendo ya? ¿Irán ustedes a los toros? Abur, doña Bibiana.

(La da en el hombro.)

Doña Bibiana — Caballero, ¡qué franqueza! Tenga usted la bondad de reportarse; para la primera vez que me ve usted no deja de tener desembarazo; si busca usted a mi marido... vamos, hombre, despacha al señor.

Borderó — La primera vez que la veo... ¡ah! ¡ah! ¡ah! señora, perdone usted; yo pensé que el sastre Borderó, como antiguo parroquiano...

Doña Bibiana — Deogracias, ¡qué impertinencia! Usted, señor conde, excusará...

Bernardo — ¡Señora!

Borderó — ¡Señor conde! Hola, esta casa va subiendo como la espuma.

Don Deogracias — (Le lleva al lado opuesto.)
No haga usted caso de mi mujer.

Borderó — No, no vale la pena. Vengo por el terciopelo gris perle, y es preciso...

Don Deogracias — Hombre, si pudiera usted volver... porque... la verdad, estamos en este momento haciendo los honores al señor conde del Verde Saúco, que almuerza con nosotros.

Borderó — El conde del Verde Saúco: ¿ha venido ya? ¿Quién es, aquél?

Don Deogracias — Sí señor; pero, hombre, no mire usted con ese descaro: conque vuélvase usted a otra hora.

Borderó — ¡Qué casualidad! Precisamente le ando buscando por todas partes, porque desde que se fue a París me dejó una pella del cuatro mil reales por un surtout, un habit de chasse y un corsé...

Don Deogracias (Aparte.) — Hombre, en mi casa... ¡Estamos frescos! Esto es lo que yo no había calculado.

Borderó — Quite usted, verá usted. Señor conde, señor conde del Verde Saúco.

Bernardo (Aparte.) — ¡Diantre! Apenas he tomado posesión del título, y ya todo el mundo me conoce. ¿Qué quiere usted?

Doña Bibiana — ¡Qué insolencia!

Borderó — ¿Vuestra señoría es el conde del Verde Saúco?...

Bernardo — Sin duda, vamos, acabe usted.

Borderó — Señor, soy el sastre Borderó, me he presentado varias veces en la fonda donde está V. S.

Bernardo (Aparte.) — En la fonda. Esto es cosa del padre; bueno.

Borderó — Y siempre me han despedido, ese mismo criado que trae V. S.; que V. S. no estaba visible, que tal, que...

Jockey — Las órdenes del señor conde.

Bernardo — Bien, está bien; calla tú; ¿y qué?

Borderó — Yo he respetado esas órdenes... pero al fin tengo aquí una letra aceptada por V. S. y endosada a mi favor, cuyo término ha expirado.

Don Deogracias — (Aparte.)
Por San Telmo; lo hemos echado a perder. Señor Borderó, el señor conde está en mi casa ahora, y...

Bernardo (Aparte.) — ¡Cómo disimulan! Corriente... esa letra... veamos: (La ve, y dice aparte.) este es golpe del padre; de gentes elegantes es tener acreedores, y él ha encontrado uno en un momento. Bien, cierto; pero ¿qué tengo yo que ver con esto? Es verdad que yo he contraído la deuda, pero ¡qué! ¿Quiere usted que yo también la pague? ¿Lo he de hacer yo todo? Véase usted con mi contador; los hombres de mi clase no acostumbramos a pagar las deudas nosotros mismos; o cree usted que soy un cualquiera.

Borderó — Ya sé que va mucha diferencia; pero está sentada en el consulado, y me sería muy sensible que por un asunto de esta clase se viese V. S. detenido...

Don Deogracias — (Aparte.)
Malo, todo se va a descubrir.

Borderó — Y preso en el consulado...

Doña Bibiana y Julia — ¡Preso!

Bernardo — Señoras, este hombre está loco; ¿a mí? No es posible; ¿y a qué sube, una talega, o dos?

Borderó — Nada de eso... la bagatela de cuatro mil reales.

Bernardo — ¿Y para eso me viene usted a romper la cabeza? ¡Habrá insolencia!

Borderó — Señor, es verdad; pero V. S. lo debe...

Bernardo — Demasiado honor le hago a usted en acordarme de él para que me sirva, y para deberle, y para... en fin, eso es una futesa; ahí está el señor Deogracias, tengo cuenta abierta con él; él se lo dará a usted. Señoras, sigamos.

Don Deogracias — ¿Cómo, cuatro mil reales yo?

Doña Bibiana — Sí, hombre; ¿qué puedes rehusar al señor conde? ¿Y qué entiendes tú de eso, y de los estilos de etiqueta... dalo?...

Bernardo — Efectivamente, es tan poca cosa, que yo, en igual caso, por usted...

Don Deogracias — Sí, pero usted cree que esto es chanza, y en este momento estoy en una situación tan crítica...

(Aparte.) También renunciar a una intriga que se presenta tan bien... tal vez se logre cobrarlo del conde verdadero... en fin... Señor Borderó, venga usted conmigo.

Borderó	Mire usted que ya estoy aquí, me es indispensable llevar el muaré...
Don Deogracias	Mi mujer se lo dará a usted.
(A Bernardo.)	Voy a dejarle a usted solo con ella, haré llamar a mi mujer...
Bernardo	Corriente, y siéntelo usted en el libro.

Escena X

Doña Bibiana, Julia, Bernardo, Jockey.

Bernardo	Estos tunantes piensan que no tiene uno otra cosa que hacer sino atender a sus impertinencias.
Doña Bibiana	Señor conde, ¿qué quiere usted? No tienen principios, ni educación... un sastre... como usted ha dicho muy bien, les hacen ustedes mucho honor en mirarlos, y mucho más en que puedan decirse sus acreedores.
Bernardo	¿Quién lo duda? Sino que es una canalla desconocida, y...

Escena XI

Dichos y Francisco.

Francisco	Señora, mi amo la llama a usted por un momento.
Doña Bibiana	Jesús, ¡qué hombre! ¿He de dejar al señor conde?

Bernardo — Señora, sé lo que es el comercio; por mí no deje usted de hacer lo que se le ofrezca, sería ofenderme.

Julia (Aparte.) — Me dejan sola con él.

Bernardo (Aparte.) — Ha llegado el momento, y no se puede despreciar esta ocasión. Rodulfo, a cuidar del tílburi.

Escena XII
Julia y Bernardo.

Bernardo — (Cogiéndola las manos, y adelantándose sobre la escena.)
Julia, qué ocasión tan feliz, y qué dicha la mía de poder ofrecer a usted mi amor: ¿está usted triste? Ciertamente; ¿qué tiene usted, Julita? ¿Le desagrada a usted este paso?
(Aparte.) Qué trabajo me cuesta fingir con ella también; ¡ah! Se paga del rango. ¿No me quiere usted contestar?

Julia — Señor conde, usted nos hace tanto favor, que no puedo menos de estarle agradecida, de quererle bien...

Bernardo — Favor, agradecimiento... es decir que no me ama usted; si usted me amara... los amantes nunca se hacen favor en amarse; la clase es para ellos despreciable.

Julia — ¿Y usted cree que para mí no lo es? Diga usted, cuando usted me seguía, ¿sabía yo que era usted conde, y mis ojos no le decían bastante claro que no me era indiferente?

Bernardo	¡Qué oigo! Es decir que aunque yo no fuera el conde del Verde Saúco me amaría usted.
Julia	Señor conde, he dicho demasiado para lo que es permitido a una mujer; pero ya que antes de hablarnos le había dado a usted algunas muestras de inclinación, debo hablar. Si usted me hubiera dado una prueba como esta de amor, creería, como todos, que tengo las mismas ideas de mi madre, que no aprecio sino el oropel; pero ¡ah! no sabe usted la pena que he sentido cuando mi madre me dijo que el conde del Verde Saúco me pedía; se me cayó el alma a los pies, disimulé; pero acordándome de mi desconocido, y bien determinada a hacer al conde el objeto de mi desprecio, maldije su clase, el afán de mi madre... y solo cuando reconocí en usted al mismo que ya mi corazón estimaba en secreto fue cuando volví a gozar de la tranquilidad que creí haber huido de mí para siempre.
Bernardo (Aparte.)	Julia, ¿será cierto? Y he de hacer el tramposo, el loco a los ojos de esta mujer? No. Julia, sepa usted...
Julia	¡Ay! Alce usted: ¡por Dios! Papá viene.
Bernardo	Julia, si usted me quiere...
Julia	Sí, sí, cuente usted con mi amor; pero alce usted...
Bernardo (Aparte.)	Padre maldito, ¿por qué tan pronto? Hubiera sabido quién soy, que no tengo acreedores...

Escena XIII

Julia, Bernardo, Don Deogracias.

Don Deogracias	Señor conde, está usted servido, y aquí tiene usted el recibo.
Bernardo	Guárdelo usted; ya nos entenderemos.
Julia	Papá, ustedes van a hablar de asuntos, me iré con mamá.
Bernardo	Julita, usted nunca es un obstáculo...
Julia	No importa; hasta después, señor conde.
Bernardo	Agur, preciosa Julia.
Don Deogracias (Aparte.)	Bien, anda, ahora vamos allá. Con eso le diré lo de la letra; piensa que es juego, y yo estoy desesperado.

Escena XIV

Don Deogracias, Bernardo.

Don Deogracias	Amigo Bernardo, esto...
Bernardo	Esto va divinamente; déme usted los brazos y la enhorabuena, amigo: no he perdido el tiempo; pero qué bien lo ha dispuesto usted todo, hasta fingir el acreedor, y la letra, y...
Don Deogracias	Poco a poco, Bernardo; le contaré a usted...
Bernardo	Sí, sí, ya entiendo; es usted un portento de habilidad.

Don Deogracias — Pero si no...

Bernardo — Es claro, si no, no se podría hacer bien; hubieran sospechado...

Don Deogracias — No señor...

Bernardo — No; así, cómo es posible que den en ello. Pues señor, usted será hábil; pero confiese usted que yo no le voy en zaga; me he declarado a la chica, y no solo he visto que me quiere, sino que la he fondeado, me he cerciorado de que no piensa como su madre, que no me quiere por ser conde; aunque no lo fuera me querría: ella misma me lo ha dicho, ahora, aquí, cuando usted vino... y aquel aire de candor... No, no me engaña; y usted ha sido un torpe en venir tan pronto...

Don Deogracias — Cómo un torpe, todavía, después de soltar cuatro mil reales.

Bernardo — Déjese usted de bromas; sí señor; ni yo puedo ya fingir más; su hija de usted es preciosa, y si ella no se deja llevar del oropel, es preciso que todo se descubra, y ahora mismo voy, porque soy feliz...

Don Deogracias — (Le detiene.)
Hombre, venga usted acá; este hombre no me deja hablar, y todo lo va a echar a perder. La chica será todo lo que usted quiera, y le querrá a usted sin ser conde; pero la madre no: hombre, mire usted lo que hace, por las once mil vírgenes y todos los innumerables mártires de Zaragoza.

Bernardo	No importa, la chica será mía.
Don Deogracias	Hombre, yo me voy a quedar sin cuatro mil reales y sin novio; venga usted acá, loco de atar, que todo se concluyó, si...
Bernardo	Pero queriendo usted y la chica...
Don Deogracias	Aunque quieran todas las chicas del barrio, si mi mujer no quiere, usted y yo y la chica y todo el barrio saldremos arañados, y locos, y perdidos, y sin boda, y sin dinero, y sin ojos en la cara. Sosiéguese usted, siga su papel, que mi plan no está acabado; venga usted conmigo, aquí pueden volver y oírnos; en mi cuarto le acabaré a usted de explicar cómo se ha proporcionado este disfraz, y lo que hay, y lo que ha sucedido, y en fin, vamos, vamos a mi cuarto.

Acto III

Escena I

Don Deogracias y después Pascasio.

Don Deogracias	Es preciso, sí, mi mujer es el diablo. Pascasio, Pascasio... este muchacho pudiera descubrirlo todo.
Pascasio	Señor.
Don Deogracias	Mira, tú has sido criado del conde del Verde Saúco, ¿eh?
Pascasio	Sí señor, ya sabe usted que de su casa vine aquí, que la dejé porque nunca veía un cuarto de mis salarios, porque todo el día me traía hecho un zascandil: a casa del sastre; del acreedor a llevar esperanzas; del empeñador, del prestamista porque tenía su señoría un compromiso, y era preciso salir de él a toda costa.
Don Deogracias	Bueno, bueno, ya me lo has dicho.
Pascasio	Pero sin embargo, le quiero, como a todos mis amos; eso es otra cosa, y en cuanto pudiera servirle que no fuera...
Don Deogracias	Bueno, bueno. Mira, Pascasio, tú eres hombre callado.
Pascasio	Señor, desde que soy su jardinero de usted no creo...
Don Deogracias	No, no me has dado ningún motivo de sentir, estoy contento; pero ven a mi cuarto; se trata de que ya

que conoces al conde no descubras un proyecto que traigo entre manos.

Pascasio — Señor, ya sabe usted que yo...

Don Deogracias — Sí, bien, te lo explicaré; ven a mi cuarto.

Escena II

El Conde del Verde Saúco, Simón, Francisco.

Francisco — (Abriéndoles la mampara.)
Aún tardarán, porque se están peinando; pero pasen ustedes aquí.

Conde — Mejor estaremos aquí que en esa antesala maldita.

Simón — Pero, señor, todo un conde del Verde Saúco andar en estos misterios y disfraces: ¿será posible que el amor le tenga a V. S. tan turbado, que no conozca que se pone en el caso de hacer un papel ridículo?

Conde — ¡Ah! ¡ah! ¡ah! No lo entiendes.

Simón — ¿Se ríe V. S.? pues cierto que es cosa de risa.

Conde — ¿No quieres que me ría, si no sabes de la misa la media? Amor, dices. ¿Cuándo me has visto tú enamorado, desde que eres mi ayuda de cámara? Eso es muy plebeyo, muy antiguo.

Simón — Pues, señor, entonces no alcanzo qué fin puede V. S. llevar en introducirse así en casa de unos simples comerciantes, aguardar a que no esté el amo, pasar recado a la señora, y guardar aquí una rigurosa antesala, que V. S. mismo no se la hace hacer a un...

Conde — Verdad es; mira, ya que tú me acompañas en esta intriga, y que sabes que mi marcha es supuesta, quiero confiarme a ti. ¿Tú sabes cómo andan mis negocios?

Simón — Sí señor, lo sé.

Conde — ¿Que no tengo más esperanzas que las que me hace concebir mi tía, la que se está muriendo, pero que probablemente saldrá de este ataque como ha salido de otros diez, y vivirá todavía una porción de años?

Simón — Sí señor.

Conde — ¿Que estoy lleno de deudas, que ya lo estaba antes de ir a París, que allá me he acabado de arruinar? Ya se ve, esa maldita Josefina me ha desollado; pero vamos a ver, ¿qué remedio? Un hombre de mi clase... es indispensable tener caballos, trenes, buena mesa, familia, palco en la ópera, vestirme por el mejor sastre, tener el mejor zapatero, vivir en un Hôtel carísimo... Luego esas niñas no están contentas si no se les regalan todos los días, cuando las pulseras de diamantes, cuando el aderezo, cuando un reloj; ni yo puedo hacer alto en eso: en una palabra, tú conoces las mujeres, y sabes como yo que para ser querido...

Simón — Sí señor, sí señor.

Conde — Luego hay que ir a sociedades; estando en una sociedad, es preciso jugar, y jugando es preciso perder, y perdiendo ya ves tú lo que se sigue: de suerte que yo, que ya necesitaba poco, tuve que volverme cuando mi contador, que hablando aquí para entre los dos es un solemne pícaro...

Simón Sí señor.

Conde Pero un pícaro que no puedo despedir, porque como no es moda tomar uno mismo sus cuentas, después de robarme tiene la habilidad de probarme que todavía le debo dinero y favores; pues, señor, tuve que volverme cuando este tal me escribió que no había más fondos; que la mayor parte de mis bienes estaban en hipoteca; que de lo libre nada quedaba sino cuatro miserables majuelos que no dan al cabo del año vino para llenar una botella, y que los acreedores le agobiaban, y era preciso...

Simón Ya, ya entiendo.

Conde Luego esta maldita circunstancia de no poder uno hacer nada sin que todo el mundo lo sepa ha hecho que la fama de mi ruina vaya siempre delante de mí a todas partes; de modo que el único medio que me quedaba de evitar una quiebra vergonzosa, que era el de enlazarme con otra de mi clase que repusiese mi casa, no hay que pensar en él; he reconocido mis asuntos, estoy cada vez más abrumado; con esto de no tener casa en Madrid, y estármela haciendo, tengo que estar en una fonda; he visto que es preciso un medio extraordinario para salvar mi honor; he tirado mis líneas por varias partes; estos son unos comerciantes riquísimos; la madre es loca por brillar, y lo puede todo con su hija, como todas las madres; el padre es otra cosa; pero esto ¿qué importa? Al fin es su marido, y sobre poco más o menos ya sabemos lo que mandan algunos maridos en su casa...

Simón — Ya, ya; ¿y trataría V. S. de casarse?...

Conde — ¿Y por qué no? Me parece que no soy el primero de mi clase...

Simón — Nada, nada: V. S. lo hace, bien hecho está. Pero entonces, hay más que presentarse cara a cara, porque estos que tienen dinero y son plebeyos darán todos sus caudales por un usía más o menos; son unos tontos, y no habían de rehusar...

Conde — Ellas no; pero ya te he dicho que el padre es otra cosa; pensando yo como tú, con la esperanza de deslumbrarle, le escribí pidiéndole su hija...

Simón — ¡Cáspita! De buenas a primeras. ¿Y qué respondió?

Conde — Lo que yo no podía esperar; que le es imposible acceder a mis deseos, por estar comprometido con un tal Bernardo, hijo de un amigo suyo don Benedicto Pujavante, de Barcelona, y que aunque no le conocen, la chica está enteramente a su favor, por la fama de sus buenas prendas; y que no podía verse conmigo, porque iba de caza.

Simón — ¡Y que haya V. S. sufrido ese bochorno! Y ahora ¿qué quiere V. S. hacer con venir y entrar, si la chica tiene novio, si el padre no quiere?...

Conde | Hay que mudar de plan; dime ¿te acuerdas tú de aquel hombre gordo que se quejaba tanto de su ojo y de su gota, que fue dos veces a verme en Barcelona, ahora a mi vuelta de París?

Simón | Sí señor, sí, pues no me tengo de acordar.

Conde | Pues aquel es el tal don Benedicto, comerciante en tapices, con quien tenía yo asuntos de dinero, y conozco a él y a toda su casa de toda la vida; de su hijo Bernardo también tengo noticias; es de mi cuerpo; en Barcelona quedaba cuando hemos venido; casualidad sería que viniese ahora mismo.

Simón | ¡Calle! ¿Y sería posible?...

Conde | Y muy posible, ya me has entendido. Ya ves que don Deogracias no está en casa en tres días lo menos; está de caza, como él mismo dice. Vengo, pregunto por las señoras; me presento, ya soy Bernardo; no tengas miedo, no me perderé; ya están prevenidas en mi favor, particularmente la chica; me tratan como novio; esta franqueza algo ha de producir; yo no soy despreciable, y me fío en mis fuerzas: todo es que yo coja dos cuartos de hora favorables, y vuelvo el seso a la chica, no es mi primera conquista. Va a venir el padre, un momento antes me declaro a la madre; es loca, y este es su flanco; en viéndome conde, no digo nada, la zalagarda que se arma en la casa; a esto se agrega que si la chica me quiere siendo Bernardo, ¿por qué no me ha de adorar siendo conde? Esto es cosa natural; y el padre gruñirá, y dirá... pero cuando vea que todo está hecho

¿qué ha de hacer? Ceder y soltar los millones del dote.

Simón — ¡Sopla! El plan no es malo; pero ¿qué tiene que ver todo eso con haber esparcido la voz de la marcha, con ocultarse hasta de los criados?

Conde — Sí señor, los acreedores me rompen la cabeza; en los ocho días que hace que estoy de vuelta, apenas he ido a parte alguna; se hubieran echado encima; y hasta ver el resultado de esta intriga me conviene estar oculto; si concluye bien, con el dote empezaré a hacer algunos pagos, y ya es otra cosa; si no, buscaré otro medio; en el ínterin hasta el jockey, que me ha dejado en la posada de la calle angosta de San Bernardo, lo ha creído.

Simón — Bueno, bueno: así ya tiene otro ver; pero me parece que vienen...

Conde — Retírate, pues; déjanos solos.

Escena III

El Conde, Doña Bibiana, Julia.

Doña Bibiana — Pues tienes muy mal gusto, todo elegante debe tener deudas. Caballero, buenas tardes.

(Bajo.) — Julia, ¡qué traza de hombre! ¡Qué figura tan ordinaria!

Conde — Señoras, a los pies de ustedes:

(Aparte.) — ¡qué gesto!

Doña Bibiana — (Aparte.)

	A los pies de ustedes, ¡qué vulgaridad tan vieja! ¿Qué se le ofrece a usted?
Conde (Aparte.)	No sé cómo empezar. Señora, creo que usted debe ser doña Bibiana.
Doña Bibiana	¡Doña Bibiana! ¿De dónde viene usted ahora? Yo no soy doña Bibiana, ni...
Conde (Aparte.)	Calle; si me habré equivocado de casa; me parece que no. ¿Señora, no vive aquí don Deogracias de la Plantilla?
Doña Bibiana	Sí señor; ¿y qué?
Conde	Bien, y usted será su señora, doña Bibiana...
Doña Bibiana	Vuelta con doña Bibiana: ¡qué grosería! ¿No le he dicho a usted ya que no me llamo Bibiana? Me llamo Concha, y está usted muy atrasado...
Conde (Aparte.)	¡Malo! Maldita equivocación; sin embargo. Concha, es verdad, señora, disimúleme usted; acabo de llegar, traigo varias cartas de recomendación, y una muy interesante para una tal doña Bibiana, y traía este nombre en la cabeza; pero qué tontera la mía, mire usted si sabré cómo se llama usted; soy Bernardo Pujavante, y acabo de llegar de Barcelona.
(Aparte.)	¡Qué frialdad!
Doña Bibiana	¿Es usted don Bernardo?
Conde	Sí señora.

Doña Bibiana	(A Julia.) Julia, qué ocasión de venir.
Julia	Ay, ¡mamá!
Conde	Y deseando presentarme a ustedes, aunque sé que el señor don Deogracias...
(Aparte.)	No me escuchan.
Doña Bibiana	(A Julia.) Si pudiéramos echarle; que no le viera Deogracias... quién sabe si volvería atrás... Voy a decirle que no está en casa.
Conde (Aparte.)	¡Cielos! ¡Qué recibimiento! Como don Deogracias está...
Doña Bibiana	Caballero, mi esposo está fuera; y yo no acostumbro hacer sus veces nunca; puede usted volverse pasado mañana, o el otro, en ese caso... porque, la verdad, aunque he oído hablar algo a mi esposo de un tal Bernardo, de Barcelona, ignoro qué asuntos puede tener con él, y no puedo sin su anuencia meterme en cosas que...
Conde (Aparte.)	¡Malísimo! Señora, ciertamente que no esperaba este recibimiento; ni creo que usted se halle ignorante de los planes de su esposo; además de esto, yo no he buscado casa en Madrid donde alojarme, porque contaba con esta, como quien viene a ser yerno de don Deogracias.
Doña Bibiana	¿Quién? ¿usted? ¿casarse con mi hija? Caballero, usted delira; con el hijo de un tapicero; cuidado que

es imprudencia; he hablado muchas veces con mi esposo sobre el particular, y ciertamente que no me ha dicho nada de semejante proyecto; ni es posible que una boda de esta clase... y en fin, sobre todo, en cuanto a casa, mientras mi esposo no esté en ella me es imposible recibir a nadie;

(Aparte.) con esto se irá pronto; estoy en brasas.

Conde — ¡Vive Dios! Señora, yo hablaré con don Deogracias; veremos si hablo de memoria, y pondré en conocimiento de mi padre el trato indigno que ustedes me han dado.

Doña Bibiana — ¡Qué grosería! Insultar todavía a la madre de la que quiere por esposa; vamos, Julia, dejemos ahí a ese hombre. ¡Qué modales! ¡Qué diferencia de este al conde! Al fin hijo de un tapicero.

Escena IV

El Conde, Julia.

Conde (Aparte.) — ¡Qué rabia! Si pudiera hablar a la hija. Señorita, señorita... ¿Usted también?...

Julia (Aparte.) — No me gusta nada, pero me da lástima. Caballero, mamá tiene el genio bastante pronto, perdónela usted sus primeros ímpetus.

Conde — Ah, Julia; no me ha engañado la fama que ha llegado de usted a Barcelona, y ciertamente que no se la puede ver sin comenzar a amarla.

Julia — Déjeme usted.

(Aparte.) ¡Cielos! Si viniera el conde. Déjeme usted, mamá estará esperando.

Conde Y bien, ¿qué debo hacer? Usted considere el conflicto en que quedo.

Julia ¡Dios mío! Cierto... pero... suelte usted; yo... mire usted... no entiendo... ¿Qué quiere usted que le diga? ¿No oye usted? Que me llama ¡ay! Allá voy.

Conde Julia, un momento todavía; ¿dónde la veré a usted? Prepare usted mejor a su mamá. Un momento.

(Deteniéndola.)

Julia No puedo; tenemos una visita de cumplimiento; está ahí el conde del Verde Saúco, agur.

Conde ¿Cómo? ¿El conde del Verde Saúco ha dicho usted? ¡Julia, Julia!

Escena V

El Conde ¡Cielos! ¡Y que me suceda a mí esto! Por Dios que estoy lucido; pues el tal Bernardo tiene el campo a su favor; este hombre me ha engañado, fue una excusa. ¡Qué cólera! Y en esta circunstancia ¿qué hacer? Adiós esperanzas y dote. Pero, y este conde del Verde Saúco, estoy curioso; mas gente viene por aquí; ¿será acertado esconderme? sí, tal vez oiré lo que deseo saber.

Escena VI

Don Deogracias, Bernardo, Pascasio, el Conde metido en el cenador.

Don Deogracias (A Pascasio.)
Pues anda listo, que se va a cerrar la tercena; mira que estoy sin rapé; que sea bueno, del de primera; y a casa de don Pedro con él, que allí te espero; y de lo otro, cuidado con chistar.

Pascasio Señor, está bien.

Escena VII

Dichos, menos Pascasio.

Bernardo ¿Es posible? ¿Conque no era ficción? ¡ah! ¡ah! ¡ah!

Don Deogracias ¿Qué había de ser? No, señor, duro sobre duro: ya ve usted que hemos empezado pagando bien el alquiler del nuevo personaje.

Bernardo La fortuna es que el mismo conde del Verde Saúco lo pagará...

Conde (Aparte.) Hablan de mí...

Don Deogracias ¿Qué ha de pagar?

Bernardo ¿Pues no lo ha de pagar? Al momento que esto se acabe, bien o mal, le buscaré, y le haré reconocer su deuda, y...

Conde (Aparte.) ¿Qué deuda es esta?

Don Deogracias No señor, no; aunque usted le cogiera por el cogote.

Conde (Aparte.) Para descubrirme en esta casa.

Don Deogracias	No ve usted que es un hombre arruinado, un calavera...
Conde (Aparte.)	¡Bravo!
Don Deogracias	En fin, es seguro que no pagará; a mí tampoco me importaría, como se lograse el objeto; pero si después mi mujer no cede, si mi hija Julia...
Conde (Aparte.)	¿Es el padre? No tiene mal modo de estar en caza: ¡qué de engaños!
Bernardo	Pero hombre, ¿cómo le he de decir a usted que su hija me quiere?
Conde (Aparte.)	¿Qué escucho?
Don Deogracias	Sí señor, le querrá a usted mucho...
Bernardo	Pues no me ha de querer; yo me voy a descubrir a ella; yo no puedo pasar a sus ojos por lo que no soy...
Conde (Aparte.)	¡Hola!
Don Deogracias	Volvemos a las andadas.
Bernardo	Pero señor don Deogracias de mi alma, ¿hasta cuándo no he de ser yo el mismo que he sido toda mi vida?
Don Deogracias	Hasta mañana; no pido más tiempo.
Bernardo	Pero ya ¿qué pretende usted?

Don Deogracias	Sí señor, pretendo todavía. Mire usted, venga usted acá, santo varón, no nos oigan. Esta noche, mi mujer y mi hija no dejarán de ir a su sociedad; ya sabe usted cómo le he dicho que mi mujer me ha obligado a mí mismo a jugar, a perder, en fin, a echarla de elegante.
Bernardo	Sí, acabe usted.
Don Deogracias	Bueno, pues esta noche fingiré irme con varios amigos, con el barón del Tahurete, ese truhán...
Bernardo	Sí señor.
Don Deogracias	Pero, se me olvidaba; en primer lugar usted no puede ir a esa sociedad tratando de pasar todavía por él...
Bernardo	Adelante.
Don Deogracias	Ya ve usted que es imposible; dentro de un rato se despide usted, se va a donde quiera...
Bernardo	Bueno, adelante. Usted, usted, ¿qué hace?
Don Deogracias	Pues yo, como le he dicho a usted...
Conde (Aparte.)	Oigamos.
Don Deogracias	Finjo irme con esos; no vuelvo por ellas, y cuando estén menos prevenidas... este es el gran golpe, verá usted cómo esto debe hacer un grande efecto.
Bernardo	Por Dios, adelante.

Don Deogracias — Aguarde usted, porque esta es el alma del plan, es darle la última mano.

Bernardo — ¡Dios mío! Vamos.

Don Deogracias — Hombre cachaza: ¿no nos oyen?

Bernardo — No señor, ¿qué han de oír? Ni un alma.

Don Deogracias — Pues señor, entonces... pero, calle usted, mi hija.

Bernardo — Por vida del plan...

Don Deogracias — Lo ve usted cómo hacía yo bien en irme con tiento; voy por mi caja, mientras que ustedes... allá...

Bernardo — Don Deogracias...

Don Deogracias — Pero, hombre, si vuelvo.

Escena VIII
Bernardo, el Conde y luego Julia.

Conde (Aparte.) — Por Dios, que llevo adelantados mis asuntos; y no me será fácil salir de aquí.

Julia — Señor conde.

Conde (Aparte.) — ¡Conde! ¡Bravo!

Bernardo — Ah, Julia: soy feliz; ciertamente que para el primer día que nos vemos hemos disfrutado algunas horas de la dicha de vernos juntos.

Julia — Ah, si me fuera permitido creer que el conde del Verde Saúco me ama tan de veras como dice...

Conde (Aparte.) — ¿Qué oigo? ¿Del Verde Saúco?...

Bernardo — Julia, ¿puede usted dudar de mi amor?

Conde (Aparte.) — ¿Y yo he de sufrir esto?

Julia — No; dudar, nunca; pero, qué sé yo; metido en el gran mundo, en los compromisos de la alta sociedad, qué pocos momentos puede usted dedicar a la memoria de su amada.

Bernardo — Verdad es, muchos atractivos tiene el mundo; pero crea usted, Julia mía, que desde que la amo, nada hay que pueda distraerme.

Julia — Sí, lo creo; pero tengo cierto cuidado... dicen que es usted valiente: ¿ha tenido usted muchos desafíos?

Bernardo — Señora, son compromisos inevitables, un hombre de mi categoría...

Julia — ¡Inevitables! Dígame usted, si tuviese usted una querida...

Bernardo — ¿Por qué lo ha de suponer usted, cruel, pudiendo usted asegurarlo? ¿No la tengo ya?

Julia — Sea así, y diga usted, ¿en ese caso tendría usted valor?...

Bernardo ¿Quién lo duda? El honor...

Julia ¿De irse a matar?

Bernardo El honor...

Julia ¡El honor! ¿Y para tener honor es preciso ser un bárbaro? Cruel, ¿y me quiere usted?

Bernardo Pero, Julia mía, usted misma me despreciaría si viese que era capaz de rehusar un lance de honor: ¿no es verdad?

Conde (Aparte.) No puedo sufrir más; yo le desafiaré. Pues he acertado en mudarme el nombre.

(Saca una cartera, y escribe con lápiz sobre una hoja que después rompe; deja la cartera olvidada sobre el banco para cerrar la esquela, se va escurriendo hacia la puerta hasta marcharse.)

Bernardo ¿No responde usted?

Julia No me ama usted.

Bernardo ¡Julia mía!...

Julia Mire usted que viene mamá.

Escena IX
Bernardo, Julia, Doña Bibiana.

Doña Bibiana Sigan ustedes; parece que el señor conde es tan amable como dicen.

Julia	Mamá, no sé por qué dice usted eso.
Bernardo	Su mamá de usted goza siempre de muy buen humor.
Doña Bibiana	¿Y no puedo tomar parte en lo que ustedes hablaban?
Julia	Sí por cierto; decía al señor conde que no me gustan algunas modas, como los desafíos.
Doña Bibiana	Julia, no me parece que es esa la educación que te he dado; no haga usted caso, señor conde; es una niña...
Bernardo (Aparte.)	Señora, dice muy bien: ¡qué vergüenza! Hacer este papel a sus ojos.
Julia	¿Pero, mamá, los desafíos?... Aquí viene papá, verá usted como es de mi opinión.

Escena X

Dichos y Don Deogracias.

Julia	Papá, llega usted a tiempo.
Don Deogracias	Di, hija mía, ¿para qué?
Julia	Dígame usted; si tuviera usted una querida, y le desafiasen, tendría usted valor de dejarla, y...
Doña Bibiana	(Bajo a Don Deogracias.) ¡Bruto! No vayas a decir alguna gansada... Mira que está delante el señor conde...

Bernardo — La verdad, don Deogracias.

Don Deogracias — (Aparte.)
Es fuerza disimular.

Julia — Papá, ¿lo piensa usted tanto?

Don Deogracias — Hija mía, te diré; un hombre fino, de cierto nacimiento, no puede rehusar esos lances de honor, y antes morirse que entregar la carta; yo creo que el señor conde pensará como yo.

Doña Bibiana — (Aparte.)
Ya se va civilizando.

Julia — ¿Lo cree usted así? ¿De veras?

Don Deogracias — ¿Y por qué no? Un hombre bien nacido...

Julia — ¡Maldito nacimiento!

Escena XI

Dichos, y Simón con una esquela.

Don Deogracias — ¿A quién busca usted?

Simón — ¿El señor conde del Verde Saúco está aquí?

Bernardo (Aparte.) — ¡Qué nueva diablura! Don Deogracias...

Don Deogracias — (Bajo a Bernardo.)
Responda usted.
(Aparte.) Si será otro sastre.

Bernardo — ¿Qué tenía usted que mandarme?

Simón — ¿Es usted?

Bernardo — Sí señor; ¿no me ve usted?

Simón — Efectivamente. Se me acaba de dar esta esquela para entregarla a usted en propia mano, y con la mayor prontitud posible.

Bernardo (La toma.) — Cierto... Al conde del Verde Saúco...
(Aparte.) Alguna entruchada del padre.
(A Don Deogracias, bajo.) Esto es también del plan...

Don Deogracias — (Aparte.)
¡Puede! Vamos que el muchacho me ayuda, y sin decirme nada.

Julia — ¡Dios mío! Lo que me dice el corazón. Señor conde, señor conde, ¿me permite usted leérsela?...

Doña Bibiana — ¡Julia! Pero niña; ha visto usted, ¡qué grosería! ¿Dónde se ha visto?...

Julia — Mamá, si es un favor... nada más... se lo pido a usted.

Bernardo (Aparte.) — Déjela usted; yo no puedo negarle a usted nada; sea lo que fuere.

Julia — Ay, y qué deprisa se conoce que lo han escrito, y está con lápiz.
(Lee.) «Señor conde, le supongo a usted un caballero; en esta inteligencia otro caballero, a quien ha ultrajado,

le pide una satisfacción...» ¡Dios mío! Mi corazón me lo decía.

(Se apoya sobre el hombro de su madre, llorando.)

Bernardo — ¿Una satisfacción? Déme usted, cierto; y en el café de... a las... ¿Yo?

Don Deogracias — (Aparte.)
¡Bueno! A mí se me había olvidado; un desafío era indispensable: por eso traería él la conversación.

Bernardo (A Simón.) — ¿Quién le envía a usted? Porque esta firma...

Simón — Señor, lo ignoro.

Bernardo (Aparte.) — ¡Bah, bah, bah!
(A Don Deogracias, bajo.)
Don Deogracias... aquella maldita interrupción del plan... pero ya estamos al cabo de la calle, ¿eh?

Don Deogracias — (Aparte.)
Sí que no hubiera dado en ello; pues lerdo es el niño.

Bernardo (Aparte.) — Es mucho don Deogracias. Pero ¡Dios mío! Julita...

Julia — Déjeme usted... desde que hablábamos parece que me tocaba Dios en el corazón.

Doña Bibiana — Hija mía...

Bernardo — Pero esto no es nada; yo estoy muy acostumbrado a estos lances; esto es una bagatela, un rasguño, un ojo menos.

Julia	¡Un ojo menos!
Bernardo (A Simón.)	Pues, un ojo menos y unas botellas. Bien está, bien; dígale usted al sujeto que no faltaré.
Julia	¿Cómo tiene usted atrevimiento? Papá, ¿y me abandona usted?
Don Deogracias	Hija mía, es preciso dejar correr las cosas, ya te casarás con el señor; pero primero es indispensable que se vaya a romper la cabeza con el insultado: las leyes del honor, todo lo exigen; el señor conde no es un cualquiera.
Bernardo	Julia, crea usted que esto no es nada, yo no soy cobarde...
Don Deogracias	Efectivamente, señor conde, y parecería muy mal que por una niña se dejase usted silbar por sus iguales; debe usted romperse, no digo yo su cabeza, pero mil si las tuviera: es una moda muy puesta en razón... y tal vez será porque le haya usted quitado la acera; ¡oh! Sí, sí; en ese caso ¿cómo puede evitarse el lance? Y si yo no tuviera prisa, pero es tarde para mí, yo mismo sería su padrino.
Bernardo	¿Pero se va usted?
Julia	¡Papá!
Don Deogracias	Pero ¿qué quieren ustedes que haga yo?; al momento vuelvo a comer y a saber el éxito.

Julia	Deténgale usted: es posible que sea yo tan desgraciada: ¡ah, maldito honor!
Bernardo	Don Deogracias, don Deogracias, ya es tarde; corre como un muchacho. Pero Julia, no se aflija usted, tal vez no se realizará: si es costumbre bárbara, los que la tienen procuran suavizarla: estas cosas son menos de lo que parecen...
(A Doña Bibiana.)	Señora, le dejo a usted este sagrado depósito, y marcho a mi obligación.
Julia	¡Mamá! ¡Ay! ¡Se va, y todos le han dejado ir! ¡Dios mío! ¿Qué le irá a suceder?
Doña Bibiana	Vamos, niña, ¿qué le ha de suceder? Te vas haciendo muy imprudente; mire usted si no ha de ir a un desafío; ¿pues hay cosa más racional? Pues si antes el conde ha insultado al otro, para repararlo y desagraviarle ¿no le ha de romper después la cabeza? Ven, te echarás. ¡Francisco! ¡Muchacha! Ven, hija mía; sosiégate, bebe un poco de agua y vinagre: eso no es nada, un desafío es para un elegante el pan nuestro de cada día.

Acto IV

Escena I

Bernardo, Francisco.

Bernardo	¡Hola, Francisco!
Francisco	Señor.
Bernardo	¿Ha vuelto ya don Deogracias?
Francisco	Y ha vuelto a salir.
Bernardo	¿Vendrá pronto?
Francisco	Me parece que no, porque al salir dijo que se iba a la lonja de ultramarinos, y allí ya se sabe, una hora, lo menos.
Bernardo	¡Qué hombre! Cierto que es calma. ¿Y las señoras?
Francisco	La señorita está mejor. Cuando V. S. se fue, se echó, no quiso comer; pero después tanto le dijo su madre, que fue preciso levantarse y emperejilarse... y en el tocador están disponiéndose para la noche.
Bernardo	Bueno, vete; cuando venga don Deogracias, si no entra por aquí, avísame.
Francisco	Bien está.

Escena II

Bernardo, solo	Es mucho don Deogracias; vea usted, y parece un pobre hombre; ¿quién había de decir que había

de ingeniarse tanto? Porque es innegable que la ocurrencia de crear un desafío es excelente; ello mi trabajo me ha costado hacer bien mi papel con aquel ángel; aquellas lágrimas me partían el corazón, porque aunque tengo honor y no soy cobarde, no veo esta precisión de matarse a cada instante por un quítame allá esas pajas. Pero ¿quién es?

Escena III

Bernardo, el Conde entrando.

Conde (Aparte.) Aquí está mi hombre.

Bernardo (Aparte.) Estoy tan azorado con la parte que falta del plan, que todo se me antoja nuevas invenciones.

Conde Caballero, palabra.

Bernardo (Aparte.) ¡Qué diablo de hombre!

Conde ¿Usted es el señor conde del Verde Saúco?

Bernardo (Aparte.) ¡Cáspita! Yo no salgo de aquí; fuera no hago este papel; es cosa de don Deogracias; y sin avisarme...

Conde Caballero, ¿oyó usted que le hablé?

Bernardo Ah, sí; perdone usted, estaba distraído.

Conde Pregunto si tengo el honor de hablar al señor conde del Verde Saúco.

Bernardo Sí señor, yo soy.

Conde (Aparte.)	Muy señor mío: tengo de apurarle: en ese caso, ya podremos hablar. ¿Habrá usted recibido una esquelita?
Bernardo (Aparte.)	Sí señor: esto me huele mal; a ser broma ¿a qué seguirla?...
Conde	¿Y bien?
Bernardo	¿Qué?
Conde (Aparte.)	Se le citaba a usted: es cobarde, y puedo gallear.
Bernardo	Sí señor.
Conde (Aparte.)	Apuradillo está. ¿Y bien?
Bernardo	¿Qué?
Conde	Que usted no ha asistido.
Bernardo	Verdad que no.
Conde	Y entre hombres de honor, debe usted saber que... ¿eh?
Bernardo (Aparte.)	¡Diantre! Cierto, pero un compromiso... Si usted gusta podemos...
Conde	No señor, para qué; yo soy un hombre despreocupado, yo riño en cualquier parte: me parece que ese jardín... (Saca las pistolas, y dice aparte.) con eso lo oirán en la casa, no reñiremos, y le descubriré.

Bernardo — Hombre, ¿aquí? Esta no es mi casa.

Conde — Sí señor, aquí; desde todas partes hay la misma distancia al otro mundo... vamos.

Bernardo — Hombre...

Conde (Aparte.) — Ya le tiemblan las pantorrillas.

Bernardo — (Se levanta.)
Este empeño de que ha de ser aquí... Vaya, esto es broma; las pistolas no están cargadas sino con pólvora, y don Deogracias quiere hacerlo a lo vivo y que oigan el ruido.

Conde — Extraño mucho que todo un hombre como usted parezca abrigar unos sentimientos tan cobardes.

Bernardo — Yo cobardes...

Conde — Pues vamos; si mientras más lo piense usted peor le ha de parecer.

Bernardo — Pero venga usted acá; porque la verdad, a usted don Deogracias no le habrá pagado para que me... y para nuestro plan, aunque yo sepa que no tienen más que pólvora, ya ve usted que eso... en no sabiéndolo ellas...

Conde (Aparte.) — Ya se entrega. ¿Qué habla usted? ¿Yo pagado? Ese es un insulto; señor conde, defiéndase usted.

Bernardo (Aparte.) Por Dios que es lance; esto no es broma; este es un asunto del verdadero conde; más sencillo es decirle que no soy el conde.

Conde Vamos, a batirse.

Bernardo Pues señor, camina usted bajo un supuesto infundado.

Conde (Aparte.) Ya vomita, pero no le ha de valer; tengo de descubrirle. ¿Cómo?

Bernardo Sí señor; no escuchen; yo no soy el conde, ni...

Conde Señor conde, ¿quién lo hubiera pensado de usted? Añadir a la cobardía la bajeza de negarse; ¿no es usted el conde? El miedo...

Bernardo El miedo, no le conozco; pero hable usted bajo; no lo soy; tengo motivos; en fin, mañana a estas horas le diré a usted...

Conde ¿Cómo, usted quiere escaparse? Pero veremos si es usted el conde: aquí en esta casa le conocen a usted; veremos si delante de ellos sostiene usted...

Bernardo (Aparte.) ¿Qué va a hacer?
(El conde va a llamar.)
Este hombre me descubre; (va hacia el conde, le detiene, y muda de tono; amenazándole siempre y sujetándole) venga usted acá; soy el conde; sí señor, nos batiremos, y sobre todo, aquí, a hablar bajo, o si no...

Conde	¿Cómo? ¿Usted?
Bernardo	Chitón, vamos bajando el tono. Si hasta ahora por motivos particulares le he parecido a usted un cobarde, sepa que no lo soy; nos batiremos, pero sepamos con quién.
Conde (Aparte.)	Malísimo. Señor, eso no es preciso.
Bernardo	Indispensable, y pronto.
Conde (Aparte.)	Es fuerza fingir, porque mi deuda... y este hombre no es el mismo.
Bernardo	¿Eh? ¡Vamos!
Conde (Aparte.)	¿Qué pierdo? Bernardo y más Bernardo, que para él es como no decirle nadie.
Bernardo	Vamos.
Conde	Pues señor, no me conocerá usted tal vez ya; sin embargo, yo soy de Barcelona, me llamo Bernardo Pujavante.
Bernardo (Aparte.) (Con sangre fría.)	¿Qué oigo?¿Usted Bernardo Pujavante? ¿Qué es esto?... ¡Ah, ah, ah! ¿Conque es usted Bernardo?
Conde	Sí señor.
Bernardo	Mire usted lo que usted dice, sabe usted que ese tal Bernardo le conozco yo, y...

Conde ¿Usted?

Bernardo Yo; y no se le parece a usted en nada.

Conde ¡Bravo!

Bernardo Ese Bernardo no es un elegante, no desafía, no dibuja con un florete; pero es un hombre que tampoco se deja insultar de nadie.

Conde ¿Se atreve usted?

Bernardo Sí señor, a usted; ¿y por qué no? Y ahora mismo he de saber quién es usted, ahora, o va usted a contarlo donde...

Conde (Aparte.) Buena la he hecho; ¡qué le haya yo apurado!

Bernardo ¿Se da usted priesa, o?...

Conde Señor, la verdad; hablemos claros, yo no soy Bernardo; pero hágase usted cargo de la razón, porque yo me inclino a creer que usted no es tampoco quien dice, y entonces...

Bernardo Eso no es del caso, y...

Conde Pero, la verdad...

Bernardo Dígame usted pronto quién es; yo soy el conde del Verde Saúco.

Conde Pues señor, entonces, si no me deja usted ser Bernardo, no soy nadie.

Bernardo ¿Cómo?

Conde Porque yo, es verdad que no soy Bernardo, pero he creído siempre ser el conde del Verde Saúco; dispénseme usted.

Bernardo ¿Quién? ¿Usted?

Conde Señor, si usted no quiere, pero aquí tengo papeles que...

Bernardo ¡Ah, ah, ah! Pues señor, es chistoso.

Conde Cierto, es preciso confesar que es un lance chistoso.

Bernardo Pero usted con el nombre de Bernardo, ¿qué objeto?... Yo necesito saberlo.

Conde ¡Ah, ah, ah! Aquí no hay más que franquearnos uno con otro; beberemos unas botellas.

Bernardo No pienso en eso, porque yo necesito ser conde todavía algún tiempo, a lo menos en esta casa, y yo a usted nunca le daré más satisfacción que ésta.

Conde ¡Qué disparate! Yo soy un amigo de usted.

Bernardo Pues yo no lo soy de usted, porque no hay motivo.

Conde Vaya, vaya, esto es mejor echarlo a broma, y confesemos...

Bernardo — Señor mío, usted hará lo que yo quiera: pero gente viene; sálgase usted y chitón, y cuidado con venir aquí a hablar una palabra, y mucho menos a echarla de conde, sino cuando yo lo mande.

Conde — Pero señor, esto...

Bernardo — Y mañana a las seis en punto en la Puerta del Sol; necesito saber de usted varias cosas, agur.

Conde — ¡Y que me deje yo insultar! Estoy lucido.

Escena IV

Acaba de anochecer. Bernardo, Julia.

Julia — (Con una palmatoria.)
¡Ay! ¿Me he dejado aquí mi pañuelo y mis guantes? Sí, cierto, aquí están; ¿cómo los había de encontrar? pero ¿quién está aquí?...

Bernardo (Aparte.) — Julia; ahora me preguntará, y yo me canso de fingir.

Julia — ¡Ah! ¿Era usted señor conde? Dígame usted, ¿qué ha resultado? ¡Cómo me tiene usted!

Bernardo (Aparte.) — ¿Qué la he de decir? Nada, amable Julia; lo que le dije a usted, se echaron suertes, tocó a mi contrario tirar primero; pero por fortuna no salió el tiro, y saltó la piedra; yo no quise tirar, y los padrinos se interpusieron.

Julia — ¡Qué gozo! Y ha tenido usted valor de asustarme, y hacerme llorar; ¡ingrato!

Bernardo — Julia, perdóneme usted si...

Julia — Que le perdone... sí, solo con dos condiciones, y le perdono a usted; pero jure usted cumplirlas.

Bernardo — ¿Y duda usted?

Julia — Júrelo usted.

Bernardo — Sí, lo juro.

Julia — Me ha de decir usted primero quién es el agresor; segundo, por qué.

Bernardo — ¡Cielos!

Julia — Ya lo entiendo; ¿no quiere usted decirlo?

Bernardo — Bien quisiera, pero me es imposible.

Julia — ¿Imposible?

Bernardo — Los hombres de mi clase solemos tener a veces pendientes cinco o seis asuntos de esta especie, y no saber...

Julia — ¿Cinco o seis? Señor conde, y en siendo su esposa de usted ¿hará usted lo mismo?

Bernardo — Siempre seré el mismo, y no podré...

Julia — ¿Y no puede usted dejar?... o deje usted de ser conde, o no cuente usted más con mi amor.

Bernardo (Aparte.)	¡Cielos! ¡Qué ocasión! Julia, créame usted lo que voy a decirla, y perdóneme usted si la he ocultado hasta ahora...
Julia	Ya, ya lo entiendo; no diga usted más; usted me ocultaba la causa de este lance; traidor, sin duda alguna otra pasión...
Bernardo	Yo traidor, otra pasión...
Julia	Pues, dígamelo usted.
Bernardo	Julia, otra pasión; yo mismo quiero creer que es algún amante de usted ofendido; sí, no tiene duda.
Julia	¿Qué dice usted? ¿Qué señas tiene?
Bernardo (Aparte.)	¡Hola! De mi estatura, más alto, ojos negros, gran patilla...
Julia	Un frac de color, algo usado, guantes verdes.
Bernardo	Sí, el mismo; y espolines en las botas.
Julia	Él es, él es.
Bernardo	¿Le conoce usted, Julia? ¿Quién es?
Julia	No se ha de enfadar usted conmigo...
Bernardo	Yo, Julia, con usted... cuente usted.
Julia	Señor conde; ese era un joven con quien tenía papá tratada mi boda antes de conocer a usted; llegó

usted, y todo se desvaneció. Él estaba fuera; ni aún le conocíamos; pero con la esperanza de mi mano llegó esta mañana; mamá, a quien se presentó, porque papá no le viera le echó con cajas destempladas, se quejó a mí, me cogió la mano, me habló...

Bernardo — Concluya usted, ¿cómo se llama?

Julia — Bernardo Pujavante.

Bernardo (Aparte.) — ¡Bernardo!
Ya lo entiendo ¡infame conde!

Julia — ¿Qué, se inquieta usted? Me habló; pero, se lo juro a usted, le aborrezco; es grosero, ordinario... ¡qué diferencia de Bernardo a usted! En fin, si cien veces viniera Bernardo a pedirme, si papá se empeñara, si el mundo entero se pusiera de su parte, yo firme le negaría mi mano, perecería, sufriría mil muertes antes que faltar a la fe que debo al conde del Verde Saúco: ¿no me cree usted?

Bernardo — (Aparte distraído.)
Él la quiere; ha tomado mi nombre, como yo el suyo; pero ¿cómo ha podido saber que yo?...

Julia — Créame usted, sí; yo misma le desprecié, le dejé solo; y tal vez él ha averiguado después, le habrá visto a usted entrar y salir...

Bernardo — Sí, sin duda; estoy loco, loco; Julia, voy a ver a don Deogracias: Julia, téngame usted lástima.

Julia — Pero ¡qué! ¿Qué tiene usted? ¡Necia de mí! ¿Qué le he contado? ¿Será posible?

Bernardo — Julia, adiós, volveré; pero créame usted; de otro modo.

(Vase.)

Julia — ¡De otro modo! ¡Dios mío! Señor conde, ¿qué es lo que me pasa? (Se arroja encima del banco de césped, y tropieza con la cartera que el conde dejó.) ¿Qué es esto? Una cartera, del conde, sí; pero mamá viene, es fuerza guardarla.

Escena V

Doña Bibiana, Julia.

Doña Bibiana — Pero, hija mía, para buscar unos guantes tanto tiempo. ¡Válgame Dios!... ¿qué tienes? ¿lloras? ¿qué te sucede?

Julia — ¡Ah! Mamá, ¿no sabe usted?...

Doña Bibiana — ¡Qué! ¿Has sabido algo del desafío? ¿ha muerto? ¿salió herido? ¡Ay Dios mío! ¡qué desgracia! ¡maldita elegancia! ¡maldita moda! ¡Hija mía!

Julia — Mamá, sosiéguese usted; no es eso, no; ha salido bien.

Doña Bibiana — ¿Qué dices? Respiro; ni una gota de sangre me había quedado en todo el cuerpo; ya ves, una boda como esta; casarte con el primer elegante de Madrid, si me debía asustar; pero di, ¿qué es ello? ¿te quería engañar? ¿era un bribón?

Julia — Mamá...

Doña Bibiana — ¿Trata de deshacer la boda? ¿no quiere casarse ya? ¡ay Dios mío!

Julia — Pero mamá, si...

Doña Bibiana — ¡Haya picarón! Después de pedir tu mano volverse atrás; pero ¿por qué, por qué ha sido todo esto? Si eres un bruto; tú lo habrás echado a perder; ¿conque es decir que nos ha engañado?

Julia — Pero mamá, ¡por Dios! Déjeme usted; si no es eso. ¡Qué engaño ni qué nada! Si no es eso.

Doña Bibiana — Hija mía, ya ves tú lo que les pasa a otras; es preciso un ten con ten... vamos, y ¿qué fue?

Julia — Mamá, Bernardo, Bernardo...

Doña Bibiana — ¿Dónde está? ¿Qué ha hecho?

Julia — Es él que ha desafiado...

Doña Bibiana — Atrevido, al señor conde.

Julia — Sí señora, y yo he tenido la imprudencia de contarle al conde lo que había pasado, y ha creído sin duda que yo le he querido.

Doña Bibiana — ¿Le has contado?...

Julia	Fue inevitable; y si viera usted cómo se puso, loco, furioso; se fue diciendo que iba a hablar a papá...
Doña Bibiana	¿A tu padre? Y a la hora de esta sabrá... Si le pudiera prevenir... Sí, yo le contaré lo que pasa; yo, yo misma desengañaré al conde; será un infierno la casa, sí señor, y mi marido lo sabrá ya, y nos lo estará callando; tal vez él mismo le protege; aquí viene: vete al almacén, déjame sola con él.

Escena VI

Don Deogracias, Doña Bibiana.

Doña Bibiana	Ven acá, ven acá; ¿qué es esto que pasa en casa? Tú piensas engañarme; pero, no lo lograrás; quítatelo de la cabeza, no se ha de hacer tu gusto; ¿callas? Ya te entiendo, responde.
Don Deogracias	En buena hora he venido; pero, mujer, ¿qué es ello? ¿Yo engañarte?
Doña Bibiana	Sí señor, tú: ¿conque está aquí Bernardo?
Don Deogracias	(Aparte.) ¡Qué oigo! Sabe ya que es Bernardo: pero mujer, ¿cómo?
(Aparte.)	Adiós plan.
Doña Bibiana	Pues qué, ¿piensas que yo no sé nada? Y tú también lo sabías; di, di que no.
Don Deogracias	(Aparte.)

Este maldito se habrá descubierto, por fuerza. Es verdad que lo sabía; pero...

Doña Bibiana — ¿No digo yo? Pues mira, Deogracias, hablemos claros; precisamente como se porta tan bien, presentarse así... con ese descaro...

Don Deogracias — (Aparte.)
¿No digo yo que se ha descubierto?

Doña Bibiana — Insultando a todo el mundo; eso es burlarse.

Don Deogracias — (Aparte.)
No hay sino tener paciencia. Pero, mujer, tanto delito es... si él no quisiera a la chica no hubiera procedido así... ¿no ves que el mismo amor le ha obligado a hacer todo eso?

Doña Bibiana — Todavía le disculpas; ya está visto que nunca convendremos en este punto; y ¿a qué engañarme y hacerme creer?... vaya, yo... en una palabra, toma tu determinación, o despide a Bernardo al momento, o ni cuentes con tu mujer, ni con tu hija: ella le aborrece ahora más que nunca: le ha despreciado a él mismo.

Don Deogracias — ¿A él mismo? ¡Pobre muchacho!

Doña Bibiana — Sí, a él mismo, sí; conque haz lo que gustes; pero no lograrás nunca que tu hija se case con ese hombre, por más astucias y por más engaños que fragües...

(Vase.)

Don Deogracias — ¡Bibiana! Esto no tiene remedio, se fue; si es una furia; y yo quisiera enfadarme, pero soy un pobre hombre.

Escena VII

Don Deogracias — La hemos hecho buena; todo mi proyecto por tierra; y en el ínterin mi mujer gastando y triunfando. No, pues el resto de mi plan se ha de hacer; yo no quiero de la noche a la mañana encontrarme sin un cuarto, disipados mis caudales, no señor; yo guardaré mi oro, yo pondré orden en mi casa: ya que se frustró la boda con ese pobre muchacho, a lo menos no se perderá todo. Pero este imprudente ¿cómo lo habrá hecho? Y se lo dije yo... Mas él nada, empeñado en descubrirse; pero aquí viene mi hija; me irrito al verla; voy, voy a buscarle; él me dirá... o a lo menos le consolaré; ¡qué afligido debe estar!

Escena VIII

Julia — Nadie hay aquí; en ese almacén maldito hay tanta gente... Y yo deseando ver mi cartera; del conde es... ¡Qué bonita! Veamos.

(Lee.) — «Cinco mil reales del tílburi, que no puedo pagar todavía.» Otra deuda; y el tílburi le debe, ¡ah! Qué poco me gusta este carácter. Si me caso con él, yo le corregiré, sí. «Ocho mil reales a la fonda:» ¡más deudas! ¡Dios mío! Una carta... ¿Qué es esto? «Amada Josefina:» ¡cielos! Si me engañará, la fecha es de hoy: «Amada Josefina, disipa tus sospechas infundadas, es verdad que te he confesado mi plan de boda con la Julia, y que la he pedido; pero ni en esto hay amor, ni siquiera inclinación, solo una razón de conveniencia; mis asuntos lo exigen, su dote es crecido; en fin, desengáñate, y vuélveme tu cariño;

tú misma cuando me haya casado y me veas más constante contigo que nunca...» ¡Infame!

(Cae sobre el sillón.)

Acto V

Escena I

Pascasio — ¡Qué embajada! Enviarme ahora el conde del Verde Saúco, mi antiguo amo, un recado para que busque una cartera... Sí, dice que por aquí... Pues no está, y que dé esta esquela a mi amo; y cuánta cosa me ha dicho, que ya no necesita casarse, que su tía acaba de expirar, que hereda qué sé yo cuánto, y luego que mi amo don Deogracias se ha arruinado esta noche jugando. ¡Jesús! ¡Jesús! Qué de enredos y misterios, y... ¡Vaya! Y lo cierto es que van a dar las seis y mis señores todavía no han venido a recogerse, pues nunca les sucede; pero aquí están.

Escena II

Don Deogracias y después Pascasio.

Don Deogracias — Vamos, que esta casa no parece sino una casa de orates: ¡qué desorden! Todo abierto, nadie recogido al amanecer todavía, ni aquí hay una alma. Señor, señor, si concluiremos de una vez; este Bernardo ¿dónde estará? Por más que le he enviado a buscar, no parece desde ayer tarde; ello es preciso que yo le instruya de todo; ¿qué quieres?

Pascasio — Señor, acaban de darme esta carta para usted.

Don Deogracias — Bien, anda con Dios; abre y barre el almacén: temprano empieza hoy la correspondencia, a estas horas... «A don Deogracias, &c...; el conde del Verde Saúco:» ¡otra! ¡Qué pesado es el tal señor! Si volverá a insistir, pues yo bien claro hablaba en la mía...

¡Eh! Luego la leeré, no estoy para perder tiempo. Francisco, Francisco.

Escena III

Don Deogracias, Francisco.

Francisco — Señor.

Don Deogracias — ¿Y mi mujer y mi hija han vuelto ya?

Francisco — No señor. Quien ha estado hace un momento ha sido el señorito que almorzó aquí ayer... Tan elegante...

Don Deogracias — Sí, ¿y qué?

Francisco — Mucho le incomodó no encontrarle a usted en casa; dice que ha corrido buscándole toda la noche, que ha oído decir qué sé yo qué cosas de ruina y pérdidas en el juego, y... venía asustado.

Don Deogracias (Aparte.) — Calla, ¿él también lo ha creído? ¿Y se fue?

Francisco — Dijo que tenía una cita a las seis con un conde o marqués... O qué sé yo; pero que volvía al momento.

Don Deogracias — ¡Bueno! Pues ahora lo que corre más prisa es buscar a tus señoras; voy a ver si están todavía en casa del barón de la Palma, que parece que se las llevó para consolarlas. Veremos qué tripas les ha hecho la noticia de mi ruina; pero aquí vienen ya, vete; ¡buena mosca traen!

Escena IV

Don Deogracias, Doña Bibiana, Julia.

(Entran por el almacén, Francisco abre.)

Doña Bibiana	¡Jesús, Jesús qué noche! Parece que estaban conjuradas todas las sotas contra mi bolsillo. Pero es posible que tú también... Pues si veías que yo no tenía fortuna ¿por qué te fuiste a jugar?...
Don Deogracias	Esas reconvenciones son inoportunas, llegan muy tarde; tú misma sabes que nunca había cogido un naipe; tú con esa maldita manía me has llevado al precipicio, porque era el jugar de elegantes; tú me has arruinado de mil modos; los criados, las libreas, el coche para todas partes, los vestidos, los brillantes, las esquelas impresas, hasta para dar parte de si íbamos a paseo, los convites, los bailes, los ambigús, en que todo Madrid se ha reído de nosotros; en fin, cuanto ha podido atraernos, juntamente con nuestra ruina, el desprecio de nuestros iguales, la indignación de nuestros superiores, y la mofa y las hablillas del pueblo entero. Ya no tiene remedio, volveremos a empezar a los cincuenta años, si el ridículo que nos hemos echado encima no nos hace morir de vergüenza.
Doña Bibiana	¡Pero qué! ¿Estamos enteramente arruinados? No es posible.
Don Deogracias	Ya te lo he dicho, hasta el almacén; en fin, no nos queda más que nuestra vanidad.
Julia	¡Ah! Mamá, cuántas veces le decía yo a usted «no juegue usted.»

Doña Bibiana — Y qué, ¿querías que yo no jugara? ¿Qué importa? Tú nada habrás hecho, ni harás; yo me fui en este conflicto a casa del barón de la Palma; allí he escrito tres esquelas, contando nuestra situación a la marquesa del Clavel, al barón de Baraundi, y al duque del Término, y estoy segura de que nos adelantarán... Conozco demasiado su amistad, y si ayer perdimos, otro día ganaremos.

Don Deogracias — Así empiezan los caballeros de industria.

Doña Bibiana — Vamos, vamos a ver si vuelve ese lacayo de la marquesa, que enviamos a las tres partes.

Escena V

Don Deogracias — Tú verás la respuesta de esos marqueses; pero a propósito de personajes, ¿qué me querría el bueno del conde con esta nueva carta? Veamos.
«Señor don Deogracias, es preciso confesar que me he divertido con usted; ¿conque se ha creído que un hombre de mi clase se hubiese de humillar hasta enlazarse con uno de la suya? Han variado las circunstancias, y estoy mucho más en el caso de despreciar a usted que en el de solicitar su amistad. Cuide usted de sus fardos... &c., &c.»
¡Ah, ah, ah! Cierto que me importa mucho que el señor conde me desprecie; pero ahora que me acuerdo, ¡ah! Si no se hubiera descubierto este infeliz Bernardo, ¡qué ocasión! ¡Qué carta! Ésta se la achacaría yo a él, como escrita después de haber sabido nuestra ruina: ¡oh, cómo le maldeciría, y entonces qué ocasión de descubrirse! Pero aquí están.

Escena VI

Doña Bibiana, Don Deogracias, Julia.

Doña Bibiana	¿Quién lo había de pensar de tanta amistad?
Don Deogracias	¡Qué! ¿Han venido las contestaciones de esos amigos tuyos?
Doña Bibiana	¡Oh! Si nunca les hubiera escrito; mira tú, llamándome la marquesa del Clavel «la señora comercianta», y el duque del Término «dígale usted a la tendera», y que lo sienten mucho; ni se han dignado contestar. ¡Dios mío! ¡Qué ignominia!
Don Deogracias (Aparte.)	Ya me lo figuraba yo eso... Esto va a las mil maravillas.
Doña Bibiana	¡Infames!
Julia	¿Qué es esto que nos sucede?
Doña Bibiana	Aún nos queda una esperanza.
Don Deogracias	¿Cuál? Ya te entiendo, gracias a este escarmiento, ya pensarás con más juicio. Bernardo tal vez.
Doña Bibiana	¿Quién? ¿Bernardo? ¿Vuelves a tu porfía? No ha de ser, no señor. El conde del Verde Saúco; ese quiere de veras a mi hija, aunque te pese; ese nos sacará de este apuro.
Don Deogracias	¿Quién? ¿El conde del Verde Saúco?

Julia (Aparte.) ¡Dios mío! ¡En qué ocasión; yo le aborrezco.

Doña Bibiana Ese es el único...

Don Deogracias (Aparte.)
¿Qué es esto? ¿Si habrán visto al verdadero conde? Él la quería, es cierto; ayer noche no estuve con ellas, y como ya habían descubierto a Bernardo, le admitirían; él la obsequiaría; y esta última carta la escribiría después de saber mi ruina; de cualquier modo que sea, nada arriesgo en enseñarla.

Doña Bibiana ¿Qué piensas? ¿Qué dices?

Don Deogracias Mujer, no quería hablarte de esto; pero, mira una carta que acabo de recibir del conde.
(Aparte.) No hay remedio, le han conocido esta noche, no se habrá marchado; claro está que no, cuando me escribe.

Julia ¡Dios mío! ¡Añadir la infamia a la traición!

Doña Bibiana Ya no hay ninguna esperanza.

Don Deogracias (Aparte.)
Me dan lástima; pero demos el último golpe. En fin, me parece que ya no queda más recurso que Bernardo; él es generoso, está enamorado, en sabiendo nuestra situación...

Julia Ah, papá, nunca, nunca. Después del desaire hecho a Bernardo por el conde, sería para mí un verdugo su generosidad: he sido engañada, lo confieso; pero esta situación en que nos vemos deja una herida demasiado profunda en mi corazón, y harto haré en poder olvidar un amor neciamente puesto en un hombre indigno de ser querido, ni de querer.

Don Deogracias	Hija mía, pero ese amor ¿cuándo se formalizó? ¿De cuánto tiempo? O yo estoy loco.
Julia	Papá mío, pocas horas han bastado; pero no haga usted mi tormento mayor recordándome mi ligereza...
Don Deogracias (Aparte.)	¡Pobrecita!... Mas Bernardo viene, en qué ocasión tan mala.

Escena VII

Don Deogracias, Doña Bibiana, Julia, Bernardo.

Bernardo	Familia desgraciada, hermosa Julia.
Julia	Aparte usted; aún tiene usted atrevimiento...
Bernardo	Julia, qué mudanza...
Julia	Tome usted, tome usted las pruebas de su cariño...

(Le da su carta y la cartera.)

Don Deogracias	Está loca; ¡pobre muchacha! Le da a Bernardo la carta del conde.
Bernardo	Julia, basta de ficción; esto no es mío.
Julia	¿No es de usted?

Bernardo — Ni soy el conde del Verde Saúco, ni nunca lo he sido.

Doña Bibiana — ¿Qué dice?

Julia — ¿Usted no?

Bernardo — Efectivamente, el conde verdadero del Verde Saúco es el dueño de esta cartera.

Julia — ¿Quién?

Bernardo — El que se ha presentado a ustedes diciéndose Bernardo.

Julia — ¡Papá! Y usted ¿quién?...

Bernardo — Yo soy el único Bernardo...

Julia — ¿Usted?

Doña Bibiana — ¿Usted? Hombre, ¿qué dices?

Don Deogracias — Sí, el señor; pero qué, ¿no lo sabías ya? ¿Pues no me dijiste, mujer, que sabías que Bernardo estaba aquí? Yo creí que habías descubierto que el señor era Bernardo, y no el conde, como suponíamos.

Doña Bibiana — ¡Jesús, Jesús! Yo sueño.

Bernardo — Señora, es cierto; y en pocas palabras le prometo aclarar el resto de duda que puede quedarle. Bástele ahora saber que soy Bernardo Pujavante. En este momento me he visto con el conde, a quien yo había citado esta mañana; nos hemos franqueado uno a otro, y todo está corriente. Solo, pues, resta, Julia mía, que usted me perdone este ligero engaño.

Julia	¿Por qué le ha usado usted conmigo?
Bernardo	Me equivoqué; ahora conozco que no merecía usted esta ficción; pero vengo a enmendar mi yerro, ofreciendo a usted con mi mano una remuneración en mis bienes del mal trato de la suerte.
Doña Bibiana	¡Qué nobleza! ¡Y qué vergüenza para mí!
Bernardo	Solo apetezco que su mamá de usted...
Doña Bibiana	Venga usted a mis brazos, noble joven, aunque no soy digna de ellos; estoy corregida de mi manía.
Julia	Conque ya no tendrá usted desafíos, ni trampas, ni...
Bernardo	Jamás, Julia; el amor y la virtud en una honrada medianía nos harán felices, y el trabajo y la economía los indemnizará a ustedes...
Don Deogracias	No hay necesidad; ven a mis brazos, Bernardo, hijo mío; llegó el caso de descubrir el resto de mi plan; mi ruina es supuesta.
Doña Bibiana	¿Qué dices?
Julia	¡Papá!
Bernardo	¿Supuesta?...

Don Deogracias — Sí, hijos míos; quise aplicar este último correctivo a la locura de mi mujer, ha surtido efecto; y me doy por contento si conoce a lo que se expone el que trata de salirse de su esfera.

Doña Bibiana — ¡Ah! Esposo mío; perdona...

Don Deogracias — Harto recompensado estoy si puedo cimentar mi futura felicidad en tu escarmiento; desde hoy te volverás a llamar Bibiana, y a pesar de la moda y del buen tono, mandaré yo en mi casa. Casaremos a nuestra hija, y nos honraremos con el trabajo; que si algo hay vergonzoso en la vida, no es el ganar de comer, siendo útil a la sociedad, sino el no hacer gala cada uno de su profesión, cuando es honrosa.

Libros a la carta

A la carta es un servicio especializado para

empresas,

librerías,

bibliotecas,

editoriales

y centros de enseñanza;

y permite confeccionar libros que, por su formato y concepción, sirven a los propósitos más específicos de estas instituciones.

Las empresas nos encargan ediciones personalizadas para marketing editorial o para regalos institucionales. Y los interesados solicitan, a título personal, ediciones antiguas, o no disponibles en el mercado; y las acompañan con notas y comentarios críticos.

Las ediciones tienen como apoyo un libro de estilo con todo tipo de referencias sobre los criterios de tratamiento tipográfico aplicados a nuestros libros que puede ser consultado en Linkgua-ediciones.com .

Linkgua edita por encargo diferentes versiones de una misma obra con distintos tratamientos ortotipográficos (actualizaciones de carácter divulgativo de un clásico, o versiones estrictamente fieles a la edición original de referencia).

Este servicio de ediciones a la carta le permitirá, si usted se dedica a la enseñanza, tener una forma de hacer pública su interpretación de un texto y, sobre una versión digitalizada «base», usted podrá introducir interpretaciones del texto fuente. Es un tópico que los profesores denuncien en clase los desmanes de una edición, o vayan comentando errores de interpretación de un texto y esta es una solución útil a esa necesidad del mundo académico.

Asimismo publicamos de manera sistemática, en un mismo catálogo, tesis doctorales y actas de congresos académicos, que son distribuidas a través de nuestra Web.

El servicio de «libros a la carta» funciona de dos formas.

1. Tenemos un fondo de libros digitalizados que usted puede personalizar en tiradas de al menos cinco ejemplares. Estas personalizaciones pueden ser de todo tipo: añadir notas de clase para uso de un grupo de estu-

diantes, introducir logos corporativos para uso con fines de marketing empresarial, etc. etc.

2. Buscamos libros descatalogados de otras editoriales y los reeditamos en tiradas cortas a petición de un cliente.